TYPISCH DEUTSCH

Liebe Leserin, lieber Leser,

bist Du typisch deutsch? Vermutlich schwer zu beantworten, diese Frage, denn erstens wissen wir nicht, wie deutsch Du bist oder sein willst. Zweitens ist es ja zum Glück nicht definiert, was „typisch deutsch“ ist, auch wenn wir in diesem Heft ein bisschen darüber nachdenken. Sind Eigenschaften wie Strebsamkeit und Fleiß typisch für uns? Oder ist es typisch für Deutsche, sich trotz aller Faulheit gerne für besonders fleißig zu halten? Ist Pünktlichkeit für immer typisch deutsch, auch wenn jeder zweite Zug zu spät kommt?

Apropos Pünktlichkeit: Ja, wir möchten uns dafür entschuldigen, dass unsere Hefte derzeit wie ein ICE zwischen Flensburg und Garmisch deutlich Verspätung haben, und geloben Besserung. Unsere „Verzögerungen im Betriebsablauf“ entstanden durch längere Krankheit von Teammitgliedern und damit zusammenhängende Personalknappheit. Du kennst das vermutlich leider auch, und vielleicht ist Personalmangel inzwischen so normal geworden, dass er irgendwann unser Bild im Ausland prägt: Deutschland, das sind doch die, bei denen überall „geschlossen wegen Personalmangel“ steht.

Warum ist Personalknappheit gerade typisch für Deutschland? Weil Deutschland älter und gebrechlicher wird. Gleichzeitig tut es sich schon lange schwer, Menschen von anderswoher einzuladen, mit uns zu leben und zu arbeiten. Obwohl viele der beklagten Probleme – Kita zu, Läden für immer geschlossen, Kneipen dicht, schließende Firmen – damit gelöst werden könnten. Lieber alles den Bach runtergehen statt Fremde reinkommen zu lassen – hoffentlich ist das nicht typisch deutsch.

Schnell noch ein aufmunternder Nachsatz, anstatt typisch deutsch zu jammern. Also: Wir wollen uns Deutschland unter besonderer Berücksichtigung unserer üblichen Form von Pädagogik angucken. Wir wollen uns draußen umsehen, um nachzuschauen, was man anderswo anders macht, was wir uns abgucken und weiterspinnen können, um am Ende herauszufinden, was das Beste für uns und die Kinder ist. Das ist vermutlich nicht unbedingt typisch deutsch, aber sinnvoll.

Bist Du dabei?

Deine **wamiki**-Redaktion

INHALT

Heft # 4/2024 **LaLeLu** — Thema: Deutschland

Foto: Helgi / Photocase

1.

Findest Du, dass Du gut zu Deutschland passt? Und Deutschland zu Dir?

AUF GUT DEUTSCH

Unser Land ist „deutsch", und wir erkennen einander im Ausland nicht nur an unseren Funktionsjacken und konzentrierten Mienen, sondern vor allem an der Sprache, selbst wenn ein sächsisches oder hessisches Idiom mitmischt. Aber meint das Wort „deutsch" nur die Sprache oder mehr? Ist man erst richtig deutsch, wenn man auch deutsch spricht?

Fragen, denen dieser Text mit urdeutscher Gründlichkeit nachgeht.

Text: Michael Fink

SEIT WANN GIBT'S „DEUTSCH"?

Gegen Ende des erstens Jahrtausends nach Christus datieren immer mehr Schriftstücke, die das lateinische Vorgängerwort für „deutsch" verwenden: „theodiscus". Es bezeichnet aber nicht ausschließlich unsere Sprache, sondern die große Vielfalt an Sprachen, die auf dem Gebiet des späteren Deutschlands gesprochen wurden – Sprachen germanischen, slawischen oder auch romanischen Ursprungs. Allen gemeinsam war, dass es im Unterschied zum „offiziellen" Latein Volkssprachen waren, in denen man zwar keine offiziellen Dinge regeln, aber Klartext reden konnte. Daran erinnert die Redewendung „auf gut Deutsch gesagt".

WIE WURDE DARAUS EIN „DEUTSCH"?

Es war ein langsamer, noch immer nicht abgeschlossener Prozess, in dem unser Deutsch zur Hochsprache wurde. Als man im frühen Mittelalter mit „deutsch" eigentlich nur noch den Vorläufer unserer Sprache meinte, gab es unzählige Dialekte. Damals verstanden die Deutschen nur ihren jeweiligen Dialekt gut und den ihrer Nachbarregion einigermaßen, nicht aber entfernte Mit-Deutsche. Traf der Friese den Sachsen oder Tiroler, hätte er eine Übersetzungs-App benötigt. Bei reinen Dialektsprechern ist das auch heute noch so. Erst zur Lutherzeit entwickelte sich eine gemeinsame Sprache, das Hochdeutsche, das das Latein als Hochsprache ablöste.

GIBT'S SEITDEM DEUTSCHLAND, BEWOHNT VON DEUTSCHEN?

Nein. In Folge des Dreißigjährigen Krieges gab es jahrhundertelang keinen deutschen Zentralstaat, sondern viele deutsche Länder. Zwar wurden mit dem Wort „deutsch" zunehmend Menschen bezeichnet, die in den deutschen Ländern lebten, aber ohne Nationalstaat bliebt das schwammig: Zum Beispiel werden die Niederländer, die eigentlich niederdeutsch sprechen, auf Englisch bis heute „dutch" genannt, was von „deutsch" abgeleitet ist. Österreicher fühlten sich, bis das Deutsche Reich 1871 ohne sie gegründet wurde, als Deutsche, und die Nazis von der FPÖ formulieren selbst 2024 noch: „Die überwiegende Mehrheit der Österreicher ist Teil der deutschen Volks-, Sprach- und Kulturgemeinschaft."

WAREN DEUTSCHE SCHON IMMER TYPISCH DEUTSCH?

Ja und nein. Bei Tacitus um das Jahr 100 waren die Germanen noch – typisch Sicht eines Südländers – arbeitsscheu, ständig betrunken und so heißblütig, dass es schnell zu gewalttätigen Konflikten kam. So richtig Fahrt nimmt die Geschichte mit den Nationalstereotypen aber erst um die Zeit der Aufklärung herum auf, als der Mensch im Versuch, Ordnung in das Wirrwarr der Welt ohne Gott zu bringen, sich für teils unsinnige Theorien begeisterte. Plötzlich bekam jedes Volk einen „Nationalcharakter" zugeschrieben, der meist nur die erwachsene männliche Bevölkerung im Blick hatte, und nun sind Deutsche als die „Teutschen (...) verständig und arbeitsam, werden aber insgemein der trunckenheit beschuldigt".

Diese Klischees halten sich, auch wenn die dahinterstehende Theorie der Charakterkunde längst vergessen ist, bis heute: Als arbeitsam und pünktlich gelten Deutsche immer noch, obwohl sie deutlich kürzere Arbeitszeiten als die Leute in der Türkei und die meisten Verspätungen bei der Bahn haben. Passt zum Konsum von deutschen Spezialitäten wie Ahle-Wurst und Rübensaft, die genauso untypisch für moderne Küchen in Deutschland sind wie Kuckucksuhren an der Wand.

IST ES WENIGSTENS TYPISCH DEUTSCH, DEUTSCH ZU SPRECHEN?

Wie man's nimmt. Ungefähr 120 Millionen Menschen sprechen weltweit deutsch, davon allerdings nur etwas mehr als 80 Millionen als Deutsche. Allerdings wurden in deutschsprachigen Ländern früher auch andere Muttersprachen gesprochen: Im Mittelalter wurde die gesamte slawische Urbevölkerung auf der Ostseite der Elbe erst allmählich assimiliert, etwa in Orten wie Birlin (altpolabisch für Ort im Sumpf, heute Berlin) oder Drežďany (altsorbisch für Sumpfbewohner, heute Dresden).

1871 lebten im größten deutschen Land Preußen rund 2,5 Millionen Polen – 10 Prozent Bevölkerungsanteil –, dazu noch 135.000 Dänen. Nach 1871 lebten ebenso viele französischsprachige Menschen in Elsass-Lothringen. Im deutschsprachig geführten Österreich-Ungarn sprachen gar über 75 Prozent der Bevölkerung eine andere Sprache als Deutsch. Quintessenz: Gerade in der Hochzeit der Nationalstaaten waren Deutschland und Österreich regelrechte Multikulti-Staaten. Leider auch mit Hetze auf nicht-deutschsprachige Bevölkerungsgruppen, denen genau wie heute Gewaltdelikte, erhöhte Kriminalität und Schulversagen unterstellt wurden.

IST ES IRGENDWANN AUS MIT DEUTSCH?

Gegen die These, geeignet zum Erzeugen von Angst oder auch Hoffnung, spricht das stetige Anwachsen der Einwohnerschaft deutschsprachiger Länder, nicht zuletzt durch fleißiges Deutschlernen neu Eingebürgerter.

Auch die deutsche Sprache ist keineswegs durch Anglizismen oder gar die ominöse Gender-Sprache bedroht, wovor etwa der Verein Deutsche Sprache warnt. Denn Lehnwörter aus dem Ausland waren schon immer Mode *(französisch)* und machen etwa 25 Prozent *(lateinisch)* der deutschen Sprache aus, wie mir der Algorithmus *(arabisch)* der Such-Maschine *(französisch-lateinisch-griechisch)* auswirft. Und wer befürchtet, eine echte Sprache mit zirka 500.000 Wörtern könne durch eine erfundene Gender-Sprache ersetzt werden, die eigentlich nur aus den Endsilben „:innen" und „enden" besteht, muss aus lauter Angst vor Gender gaga *(englisch-französisch)* geworden sein.

Berthold Brecht

KINDERHYMNE

Anmut sparet nicht noch Mühe
Leidenschaft nicht noch Verstand.
Daß ein gutes Deutschland blühe
Wie ein andres gutes Land.

Daß die Völker nicht erbleichen
Wie vor einer Räuberin
Sondern ihre Hände reichen
Uns wie andern Völkern hin.

Und nicht über und nicht unter
Andern Völkern wolln wir sein
Von der See bis zu den Alpen
Von der Oder bis zum Rhein.

Und weil wir dies Land verbessern
Lieben und beschirmen wir's
Und das Liebste mag's uns scheinen
So wie andern Völkern ihrs.

Kein Heft ohne Gedicht.
Diesmal aus: Lyrik der DDR.
Hrsg. H. L. Arnold und H. Korte.
S. Fischer Verlag 2009, S. 41.

Bertolt Brecht schrieb das Gedicht 1950, Hanns Eisler vertonte es.

Ausgesucht hat es Marie Sander.

WAS IST DEUTSCHLAND FÜR DICH?

9 mal Deutschland – ein Bilderrätsel

Was ist alles typisch deutsch? Das erzählt das neue Buch „100 mal typisch Deutschland“ von Martin Verg und Fotokünstler Jan von Holleben – mit Witz und Herz in Text und Bild erklärt für Menschen ab 8.

Von Aktenordner und Autobahn über Döner und Fahrrad bis zu Zebrastreifen und Zugspitze. 100 mal Deutschland. 9 Begriffe davon findet ihr als Bilderrätsel auf den folgenden Seiten.

alle Fotos: Jan von Holleben

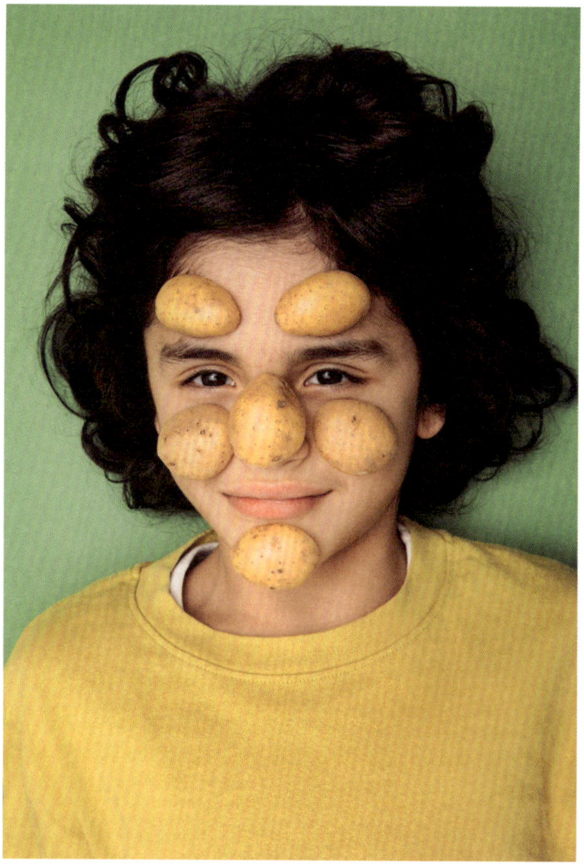

Buchdruck

Wurst

Eszett

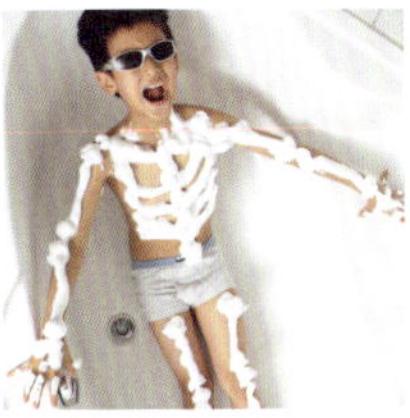
Röntgen

Kindergarten

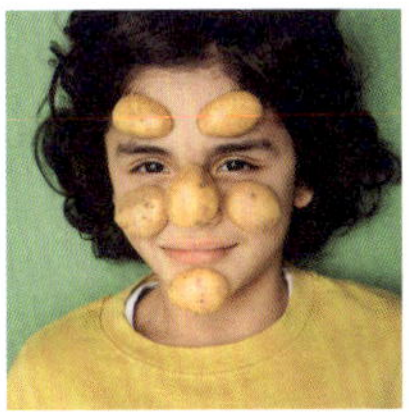
Kartoffel

99 Luftballons

Gartenzwerg

Dauerwelle

Und was ist typisch Deutschland für dich?

Schreib uns deine
Top 10
an: redaktion@wamiki.de

100 mal typisch Deutschland
Jan von Holleben, Martin Verg,
Gebunden, 224 Seiten.
Carlsen (2024), 30 Euro
ISBN 978-3-551-25156-5

FREMDVERTRAUT

PROBIERS AUS!
„QR-CODE-SCANNER" …

WAMIKI-HITLISTE

Mein Herz in Flammen … will dich lieben und verdammen …(Deutschland) dein Atem kalt … so jung und doch so alt …

Welche Lieder aus Deutschland haben es in den letzten 20 Jahren in die Welt geschafft? Hört selbst. Eine unvollständige Liste:

Foto: Lena Guimont / Photocase

WO DEUTSCHLAND BEGINNT

Zu den Einbürgerungszeremonien gehört der Einbürgerungstest.
„Wie wurden die Bundesrepublik Deutschland und die DDR zu einem Staat?" So lautet zum Beispiel eine von 33 Fragen aus einem der Teste, Du darfst unter vier Antwortmöglichkeiten die richtige Antwort ankreuzen:

- ☐ Die Bundesrepublik hat die DDR besetzt.
- ☐ Die heutigen fünf neuen Bundesländer sind der Bundesrepublik Deutschland beigetreten.
- ☐ Die DDR hat die Bundesrepublik Deutschland besetzt.
- ☐ Die Bundesrepublik Deutschland ist der DDR beigetreten.

Schaffst du den Einbürgerungstest in deinem Bundesland?

OSTWESTNORDSÜD

Der Newsletter von ostwestnordsuedx zieht alle zwei Wochen einen Strich – und packt Beiträge rund um Ost/West zusammen, die in den +/-14 Tagen zuvor aufgefallen sind. Damit sich nicht alles versendet. Als eine Art temporäres Archiv. Was für ein Schatz! Zugang zum Archiv gibt es hier:

OST WEST NORD SÜD

TRALLALA UND HOPPSASSA

Was sind die Soundtracks deiner Kindheit?

Alle meine Entchen · Der Bäcker hat gerufen · Immer lebe die Sonne · Hänschen klein ging allein in die weite Welt hinein · Hänsel und Gretel verliefen sich im Wald · Probiers mal mit Gemütlichkeit, mit Ruhe und Gemütlichkeit · Ene mene Miste, was rappelt in der Kiste · Und diese Biene, die ich meine, nennt sich Maja · Heidi, Heidi, deine Welt sind die Berge · Hurra, hurra, der Kobold mit dem roten Haar · Ein Männlein steht im Walde, ganz still und stumm · Schni schna schnappi, superkalifragilisticherexpialigetisch · Chim chiminey chim chiminey chim chim cheree · Hey Pippi Langstrumpf, tralleri trallahey tralla hoppsassa · Wer sagt, dass Mädchen dümmer sind · Wieso, weshalb, warum? · Wenn Mutti früh zur Arbeit geht · Sing dudeldei, sing dudeldei, der Michel war bekannt, sing dudeldei, sing dudeldei, bekannt im ganzen Land · Man ruft nur Flipper, Flipper, gleich wird er kommen · Sandmann, lieber Sandmann, es ist noch nicht so weit · Vielen Dank für die Blumen, vielen Dank, wie lieb von dir · Kleine weiße Friedenstaube, fliege übers Land · Doktor Snuggels, Freund von allem, was lebt · Fünf Freunde, das sind wir, Julian, Dick und Anne, Georg, Timmy, der Hund · Schneeflöckchen, Weißröckchen, wann kommst du geschneit? · Winnie the Pooh, Winnie the Pooh, Tubby little cubby all stuffed with fluff · Frag doch Alice, Alice im Wunderland · Der Regentropfen Paule Platsch · Chip, Chip, Chip, Chip und Chap, Ritter des Rechts · Sing und schwing das Bein, lass die Sorgen Sorgen sein · Lalelu, nur der Mann im Mond schaut zu · Kam ein kleiner Teddybär aus dem Spielzeuglande her · Das ist die große bunte Bunny-Schau und wir sind alle mit dabei, denn Herr Rossi sucht das Glück, sucht man es, so fehlt ein Stück, ja, es fehlt ein Stück vom Glück · Jetzt tanzen alle Puppen, macht auf der Bühne Licht, kleine Püppchen, freche Bübchen, wo hat man dich zuletzt gesehen? · Kleine Meise, kleine Meise, sag, wo fliegst du denn hin? · Kleiner Pandabär, pass auf. Pass gut auf dich und deine Freunde auf! · Hey, hey Wickie! Hey, Wickie, hey! Zieh fest das Segel an · Speedy-bi, Speddy-bo, die schnellste Maus aus Mexiko · Es tanzt ein Bibabutzemann in unserm Haus herum, wiedebumm · Morgen Kinder wird's was geben · Der Mond ist aufgegangen · Schlaf Kindchen, schlaf · …

Trallala und hoppsassa
Was sind die Soundtracks deiner Kindheit? Und in deiner Kita, Krippe, Schule …?
Mail an: info@wamiki.de
Dank an alle.

WAS MIT KINDERN

Gesammelt in der interaktiven wamiki-Ausstellung: Pädagogien. Dank an alle Besucher*innen!
Redaktion wamiki, Was mit Kindern GmbH, Heinrich-Mann Str. 31, Haus 2 ,13156 Berlin, **www.wamiki.de**

Foto: kallejipp / Photocase

2.

Ist Deutschland, Land der Erfindung des Kindergartens, ein gutes Land für Kinder?

DREI FRAGEN AN DICH

1 Was war für Dich die innovativste Neuerung in der frühen Bildung in den vergangenen 30 Jahren?

. . . .

. . . .

. . . .

2 Was war die größte Enttäuschung der vergangenen 30 Jahre? Was die größte Überraschung?

. . . .

. . . .

. . . .

3 Was möchtest Du in der frühen Bildung gern verändern, was wünschst Du Dir?

. . . .

. . . .

. . . .

Platz für weitere Fragen, Ideen, Kommentare:

. . . .

. . . .

. . . .

. . . .

Schick uns Deine Antworten per Bild, Mail, Sprachnachricht, Post … bitte bis zum 10. 1. 2025 an: redaktion@wamiki.de oder 0177 414 15 17 oder per Post an unsere neue Verlagsadresse: Was mit Kindern GmbH, Redaktion **wamiki**, Heinrich-Mann-Str. 31, Haus 2, 13156 Berlin. Vielen Dank!

Unter allen Einsendungen verlosen wir **wamiki**-Bücher (20x Ärger mit Sie wissen schon, 20x Das Wunder des Lernens, 20x Kita als weltoffenes Dorf) und 20 **wamiki**-Jahresabos. Die Umfrageergebnisse veröffentlichen wir in einem der nächsten Hefte.

SUPER USCHI
... und der Fachkraft-Tsunami
Heute hütet Uschi nicht nur ihre Gruppe:
Wir haben Läu...
Elke hat Ungeziefer.
Tom hat Masern.
Mamaaaa... Schooo-koo-Flaaadeee
Gabi hat Urlaub.
Hilde aus der Krippe hat Rücken.
KNACK
PLOPP
Danke!!
Die Kita "Grottenolm" hat Fortbildung.
Um 8:30 ist Uschi allein mit 427 Kindern.
1-2-3 im Sau-se-Schritt...
Der Morgenkreis wird eher eine Spirale.
Uschi sucht ihre magische Schürze.
Uuuuu uuuu schiiiii...
Dieser Betreuer-schlüssel ist eine Unverschämtheit!!
Ich könnte mich vierteilen!!!
Gesagt - getan!
Ob das noch mal geht?

Wow!
Bald hat Uschi ein wirklich starkes Team.
Super, Uschi!
Jedes Kind wird jetzt von zwei Uschis betreut:
Uschi hat sogar wen zum Kaffeetrinken!
Gestern hab' ich…
Weiß ich doch!
War ich ja dabei…
Die Unterhaltung aber ist recht monoton…
Leider können alle Uschis nur die gleichen Spiele und Experimente:
??
1000 Teile Puzzle…
…oder Brausepulver-Rakete.
…flsch…
zosh
Uschi geht sich selbst total auf die Nerven…
Die schon wieder…
Wenn sie doch nur alle wieder weg wären!!!
Aber wer von uns ist die echte Superuschi???
Na ich!
Nein ich…
Ich!!!
Stopp! Habt ihr überhaupt den Scherenführerschein?
Den hat nur die wahre Super-Uschi!
Boh!
Wow!
Neid!
Super Uschi schickt ihre Klon-Krieger in andere Krisengebiete:
Die "Läusekiste" hat Eingewöhnung!!
yeah!
Nix wie hin!
Der Schürze sei Dank! Uschi hat auch diesen Arbeitstag überstanden.
Na, wie war's?
TASCHE

KITAS IN NOT:

Studie: „Fachkräfte schauen hin!"
Dr. Marina Lagemann von der Uni Gießen erläutert die Ergebnisse in folgenden Videos:
kurzlinks.de/zgt3
und
kurzlinks.de/p2b3

Fachkräftemangel und Überlastung — Immer mehr Kitas in Deutschland setzen auf Mitarbeitende ohne pädagogische Ausbildung. Das belastet das System und schmälert die Qualität der Kinderbetreuung – so zeigen es zwei aktuelle Studien, die im Dezember 2024 vorgestellt wurden. Besonders düster sieht es in den meisten westdeutschen Bundesländern aus.

DRAMATISCHER RÜCKGANG BEI FACHKRÄFTEN

2017 hatten 41 Prozent der Kitas-Teams noch eine Fachkräftequote von über 80 Prozent – mehr als 8 von 10 Mitarbeitenden waren ausgebildet. 2023 liegt diese Quote nur noch bei 32 Prozent. Berlin, Mecklenburg-Vorpommern und NRW verzeichnen Rückgänge von bis zu 18 Prozentpunkten.

NUR OSTEN ERFÜLLT STANDARDS

Das Bundesfamilienministerium empfiehlt, dass mittelfristig 72,5 Prozent und langfristig 85 Prozent des Kitapersonals Fachkräfte sein sollten. Ostdeutschland liegt bereits im Zielbereich. Schlusslicht ist Bayern: Hier arbeitet nur in drei Prozent aller Kitas und Kindergärten ein pädagogisches Team mit mindestens acht von zehn voll ausgebildeten Fachkräften.

„Grundsätzlich ist es gut, wenn Kitas neue Mitarbeitende gewinnen. Aber für die anspruchsvolle Arbeit mit den Kindern benötigen sie eine ausreichende pädagogische Qualifikation", sagt Anette Stein, Expertin der Bertelsmann Stiftung für frühkindliche Bildung. In einer Notsituation könne es vertretbar sein, die Anforderungen vorübergehend zu senken, um die Schließung einer Kita abzuwenden. Dauerhaft sei das aber keine Lösung – „doch genau diese Tendenz sehen wir momentan in mehreren Bundesländern".

QUALITÄT LEIDET UNTER UNQUALIFIZIERTEM PERSONAL

Betreue nicht ausreichend qualifiziertes Personal die Kinder, leide die Qualität, erklärt Katrin Bock-Famulla, die die Bertelsmann-Studie maßgeblich verantwortet. Das träfe etwa Kinder, die nicht gut Deutsch sprächen. „Aber gerade sie brauchen besondere Förderung, die dann nicht gewährleistet werden kann."

Außerdem müssten Mitarbeitende, die keine Erzieherausbildung abgeschlossen hätten, vom restlichen Personal verstärkt angeleitet und unterstützt werden. „Das bindet zusätzliche Energie und Zeit", sagt Bock-Famulla.

ÜBERLASTUNG UND NEGATIVSPIRALE

Eine weitere Studie mit 20.000 Kitamitarbeitenden zeigt: Drei Viertel der Beschäftigten in unterbesetzten Kitas fühlen sich überfordert. Selbst in gut besetzten Einrichtungen klagen 40 Prozent über regelmäßige Überlastung. Viele überlegen, den Beruf zu wechseln – jede vierte Person plant in den nächsten fünf Jahren auszusteigen.

Das ist das Ergebnis einer groß angelegten Umfrage der Justus-Liebig-Universität Gießen.

HOFFNUNG UND LÖSUNGEN

Ließe sich die Situation der Beschäftigten kurzfristig verbessern? Und wenn ja, wie?

Kurzfristig könnten bessere Beratung und Weiterbildungen helfen. Langfristig braucht es mehr Fachkräfte: „Es gilt, neues und gut ausgebildetes Personal zu gewinnen und Mitarbeitende, die noch nicht hinreichend qualifiziert sind, weiterzubilden", fordert Bertelsmann-Expertin Stein. Ein wenig Hoffnung mache auch der demografische Wandel, sagt Bock-Famulla, genauer: die sinkende Geburtenrate: „In Ostdeutschland und auch in einigen Regionen Westdeutschlands bleiben bereits Kitaplätze frei – das könnte man nutzen, um die Betreuungssituation in den Kitas zu verbessern".

Ländermonitor Frühkindliche Bildungssysteme 2024
Auf der Website findet ihr zahlreiche Daten und Fakten zur frühkindlichen Bildung in Deutschland, und dies schon seit 2008. Es stehen zahlreiche Indikatoren in den Bereichen KiTa, Kindertagespflege und Schulkinderbetreuung für Vergleiche auf Länder- und regionaler Ebene zur Verfügung. —> *https://www.laendermonitor.de*

Schwesterchen und Brüderchen
Wenn Mutti früh zur Arbeit geht,
dann bleibe ich zu Haus.
Trotz Rechtsanspruch auf Kitaplatz
geh' leider leer ich aus...
KITA
Voll!!
Ich habe auch ein Brüderchen
das fütter' ich mit Klee.
Und schick's zum spielen in den Wald,
da wird's ein lust'ges Reh!
Wenn Mutti früh zur Arbeit geht,
dann sind wir alle froh!
Denn wir ham' einen schönen Platz
im nahen Streichelzoo!
Schlimmes Märchen
TASCHE

INTERVIEW

ANKOMMEN IN DEUTSCHLAND

Wie ist es, in Deutschland Fuß zu fassen?
Lena von wamiki sprach mit Nada Boukrouma, 23 Jahre, über ihre Erfahrungen.

Möchtest du dich kurz vorstellen? Wer bist du?

Nada: Klar, gerne! Ich bin Nada, 23 Jahre alt, komme aus Algerien und lebe seit fast zwei Jahren in Deutschland. Aktuell mache ich eine Ausbildung zur Erzieherin. Ich bin eine entspannte und offene Person.

Wie bist du auf die Idee gekommen, nach Deutschland zu kommen?

Nada: Die Idee kam mir während meines Germanistikstudiums in Algerien. Der Fokus lag dort mehr auf Grammatik und Literatur, und ich hatte Schwierigkeiten, die Sprache wirklich zu lernen. Ich wollte eine Alternative finden, um besser Deutsch zu sprechen. Außerdem hatte ich Freundinnen, die als Au-pair oder im Freiwilligendienst in Deutschland waren. Diese Erfahrungen haben mich inspiriert, nach Deutschland zu gehen.

Warum hattest du dich für ein Germanistikstudium entschieden?

Nada: Um ehrlich zu sein: Ich wollte damals einfach weg von zuhause! Und zwar soweit wie möglich. In Algerien musste ich für dieses Studienfach aus dem Osten in den Westen des Landes ziehen. Es gab auch andere Studienmöglichkeiten, aber das Studienfach Germanistik hat mich am weitesten von meiner Familie entfernt.

Das klingt mutig! Wie war es, deine Familie zu verlassen?

Nada: Meine Familie hat mich eigentlich immer unterstützt. Mein Vater ist manchmal ein bisschen anstrengend, aber er meinte, wenn es um Bildung und eine gute Zukunft geht, steht er hinter mir. Als ich von meinem Plan erzählte, in Deutschland Freiwilligendienst zu machen, war niemand dagegen.

Wie war deine Ankunft in Deutschland?

Nada: Chaotisch, aber aufregend. Ich landete in Frankfurt, einer riesigen Stadt im Vergleich zu meiner Heimat und dachte: „Puhhh, wo bin ich hier?“ Ich musste weiter nach Berlin reisen und hatte keine Ahnung, was mich erwartet – weder wo ich wohnen noch mit wem ich arbeiten würde. Es war anfangs überwältigend, aber irgendwie auch spannend.

Welche drei Worte beschreiben dein erstes Bild von Deutschland?

Nada: Diszipliniert, schnell und positiv. Alle haben es sehr eilig. Ich fühlte mich dennoch willkommen, auch wenn ich anfangs ganz allein war.

Entsprach das deiner Vorstellung?

Nada: Ich hatte gar keine Vorstellung, aber schon Angst vor dem Alleinsein. Ich fasste mir schließlich ein Herz, wollte einfach sehen, wie es ist. Letztlich war alles safe.

Du bist im Winter angekommen, oder?

Nada: Ja! Ich hatte mehrere Schichten Pullover und Hosen an, weil ich dachte, ich erfriere.

Was hast du in Deutschland direkt vermisst?

Nada: Meine Familie, besonders meine Eltern. Aber auch meine Freundinnen und gemeinsame Unternehmungen, die ich in Algerien gemacht habe wie zum Beispiel Campen.

Wie war die Anfangszeit hier für dich?

Nada: Schwierig, besonders wegen der Sprache. Ich hatte zwar Deutsch studiert, verstand aber kaum etwas. Ich konnte nur „Hallo“, „Tschüss“ und „Danke“ sagen. Freunde zu finden war am Anfang schwer, später nicht mehr!

Wie hast du das Alleinsein überwunden?

Nada: Ich habe viel aufgeschrieben – meine Gefühle, gute und schlechte Momente. Telefonate mit Freunden und spontane Ausflüge haben auch geholfen.

Wo hast du Freunde gefunden?

Nada: Vor allem auf WG-Partys. In meiner alten WG gab es oft Geburtstage, und jeder brachte neue Leute mit. So hatte ich bald einen Freundeskreis. Bald fühlte ich mich freier, jeder hat eine eigene Perspektive auf sein eigenes Leben. Niemand hat sehr feste Erwartungen an mich. Das gibt mir ein gutes Gefühl.

Du hast gesagt, dass du hier freier bist. Was hat sich an dir verändert?

Nada: Ich bin selbstbewusster und stärker geworden. Ich kenne meine Rechte besser und fühle mich freier in meinen Entscheidungen.

Warum hast du dich entschieden, Erzieherin zu werden?

Nada: In Algerien wird der Beruf nicht ernst genommen. Es gibt keine spezielle Ausbildung. Das finde ich falsch. Die frühe Kindheit ist so wichtig! Ich wollte lernen, wie man Kinder wirklich unterstützt, und ich hatte schon immer eine gute Verbindung zu ihnen.

Hast du Erinnerungen oder Erfahrungen aus deiner eigenen Kindheit in Algerien, die du in deinen Beruf einbringst?

Nada: Meine Mutter war wie eine Freundin für uns – sie hat zugehört und uns ernst genommen. Diese Aufmerksamkeit und Augenhöhe gebe ich den Kindern auch.

Gibt es Komisches oder Merkwürdiges, was dich in Deutschland überrascht hat?

Nada: Ja, zum Beispiel, dass schon zweijährige Kinder in Deutschland oft selbst entscheiden dürfen, ob sie schlafen wollen. Das finde ich manchmal schwierig. Bei Kindern unter zwei Jahren würde ich als Erzieherin lieber selbst entscheiden, was gut für die Gesundheit ist. Eine andere Erfahrung: Manchen älteren Kolleginnen fällt es schwer, sich für Neues zu öffnen. Wenn ich eine neue Idee mitbringe oder sage, das haben wir so studiert, dann höre ich oft: Das machen wir aber schon seit Jaaaaaaaaaahren so und nicht anders. Und Schluss ist.

Manchmal haben Eltern auch komische Wünsche. Zum Beispiel sollen nur Frauen die Windeln wechseln, die Männer nicht. Dabei haben wir so gute Erzieher in der Kita! Die machen ihre Arbeit richtig gut. Für mich macht das wirklich gar keinen Unterschied, ob eine Frau, ein Mann oder eine Transperson die Windeln wechselt. Für mich ist nicht das Geschlecht entscheidend, sondern dass die Person die Kinder gut behandelt.

Auch mit manchem Humor tue ich mich schwer, ich verstehe ihn oft noch nicht.

Was haben deine Erfahrungen in Deutschland mit dir gemacht?

Nada: Ich bin organisierter geworden. Meine Familie nennt mich manchmal scherzhaft „Deutsch“, weil ich jetzt gesünder esse und meinen Kalender benutze. Aber meine Liebe zu meiner Heimat und meine Toleranz habe ich behalten.

Was sind deine Pläne?

Nada: Erst mal meine Ausbildung abschließen. Ich möchte Neues ausprobieren, erfolgreich und glücklich sein.

Vielen Dank, liebe Nada, für das Gespräch!

Nada: Sehr gerne.

AUS DER WILDEN WELT

„Im deutschen Kindergarten ist das Basteln Pflicht" — Wie man in anderen Ländern unsere Kitas wahrnimmt

Text: Michael Fink

Wie ist das eigentlich, zum ersten Mal in eine deutsche Kita zu kommen, wenn man kein zweijähriges deutsches Kind, sondern zum Beispiel eine französische Mutter oder ein japanischer Vater ist?

Für den folgenden Text sah sich Micha Fink zahlreiche Kitablogs aus verschiedenen Ländern an. Viele seiner Zufallsfunde lenken den Blick auf das, was bei uns selbstverständlich ist, Menschen von anderswoher aber erst einmal irritiert.

WARUM GIBT ES SO WENIG KITAPLÄTZE?

Viele Expats erfahren früh, wie schwer man bei uns zum Kitaplatz gelangt. So schreibt eine Italienerin: „In Deutschland ist es trotz eines Gesetzes, das jedem Kind einen Kindergartenplatz garantiert, vor allem in Großstädten sehr schwierig, so einen Platz zu bekommen. Welche Gründe könnte es geben, dass diese Misere hingenommen wird?" Nicht nur eine Finnin vermutet: „Deutschland legt Wert darauf, dass die Mütter zu Hause bei ihren Kindern sind." Dass die deutsche Mutter eine besonders wichtige Rolle zu spielen scheint, macht man auch an anderen Wahrnehmungen fest: Haben die Kinder etwas Interessantes hergestellt, bloggt eine Französin, heiße es immer „Zeigt das euren Müttern" und nie „euren Eltern".

LERNEN DIE KINDER EIGENTLICH WAS?

Für überraschend viele Menschen anderer Nationen hat die Vorschule die Aufgabe, Kindern das Lesen und Schreiben zu vermitteln. Nicht nur eine französische Besucherin im deutschen Kindergarten ist entsetzt, dass dort „nonformale Bildung" angesagt ist: „Ich fragte, ob sie Arbeitsblätter für den Lese- oder Mathematikunterricht haben. Nichts! Es war ein normaler Kindergarten, keine Sonderpädagogik. Kurz gesagt: Schockierend für uns."

Ein Spanier berichtet: „Sie ermutigen die Kinder nicht, bereits lesen zu können, wenn sie in die Schule kommen, sondern ganz im Gegenteil." „Mit einem Wort, es war eine Katastrophe", klagt eine Polin. „Sie sangen keine Lieder, sagten keine Reime auf, kein Muttertag, Großmuttertag, Weihnachten, nichts." Auch ein weiteres Lernthema wurde vermisst: „In deutschen Kindergärten gibt es kein Töpfchentraining."

„Man muss sich fragen, was für ein Konzept der Kindergarten hat", schreibt eine Rumänin. „Es klingt albern, aber es gibt eins. Es gibt Kindergärten, die wirklich propagieren, dass ein Kind nicht zu einer Aktivität gezwungen werden soll, sondern sich etwas von dem aussuchen kann, was an dem Tag angeboten wird."

Warum tun die Deutschen das? Eine Französin brauchte ein paar Wochen, bis sie verstand: „Die Praxis ist ganz anders. In Frankreich wird ein Lehrer zum Beispiel die Farbtheorie erklären, und die Kinder werden sie dann anwenden. Hier (in Deutschland) lernt das Kind immer durch das Spiel. Es macht zuerst seine eigenen Erfahrungen, testet und erfindet. Das Lesenlernen findet später statt. Andererseits bevorzugt dieses Bildungssystem jedoch den Rhythmus des Kindes. Die deutsche Schule ist weniger stressig, und die Erwachsenen sind dadurch vielleicht ausgeglichener und weniger von ihrer Arbeit besessen als die Franzosen."

Natürlich sind nicht alle deutschen Kitas auf konzeptuell gleichem Stand, sonst hätte eine Ungarin nicht festgestellt: „Im deutschen Kindergarten ist das Basteln Pflicht. Jeden Monat gibt es mindestens zwei oder drei Bastelarbeiten, die die Kindergartenkinder anfertigen müssen, um ihre Zimmer und Gemeinschaftsräume zu schmücken."

Foto: Tong Nguyen van / unsplash

LERNEN DIE KINDER KEIN GUTES BENEHMEN?

Führt so viel Freiraum nicht zu Verhaltensproblemen? Aus westeuropäischer Sicht schon. Eine Französin schreibt voller Abscheu: „Im Kindergarten sind die Kinder auf sich allein gestellt. Sie lernen nichts, haben keinen Respekt vor den Erwachsenen, die es nicht wagen, sich mit ihnen auseinanderzusetzen." Eine Landsfrau ergänzt: „Deutschen Kindern fällt es schwer, sich an Regeln zu halten und Misserfolge zu akzeptieren. Dieses Verhalten erschwert die Umerziehung." Auf das Austreiben unguter Verhaltensweisen setzt auch eine Spanierin: „Ich fand heraus, dass die Erzieherinnen im Kindergarten meine Tochter ermutigten, ihre Spielsachen nicht zu teilen... Mit aufgerissenen Augen und offenem Mund sagte ich: ‚Nein! Das ist nicht richtig! Sie müssen ihr sagen, dass sie das Spielzeug der anderen Kinder nicht nehmen darf und dass sie teilen muss.' Doch die Erzieherin sagte lächelnd: ‚Nein, auf keinen Fall.'"

Aus japanischer Sicht irritieren eher Details: „Deutsche Kinder heben ihre Hände nicht gerade, sie heben einen Zeigefinger oder schnippen mit den Fingern. Sie heben ihre Hände immer wieder, auch während jemand anderes spricht. Und sie heben bereits die Hände, wenn der Lehrer etwas erklärt."

Nicht überall kommt es in erster Linie auf gutes Benehmen an. Eine Bloggerin schreibt: „In Italien lautet das durchschnittliche Aufnahmegespräch: Ihr Kind ist hübsch, brav, freundlich und stört nicht: Wir freuen uns sehr, es im Unterricht zu haben."

WIE UND WAS ESSEN DIE KINDER?

Dass in deutschen Kitas Mahlzeiten dazugehören, begeistert viele Expats, auch diese Französin: „Zwischen 9.00 und 10.00 Uhr sind die Kinder meistens im Gruppenraum, um zu frühstücken. Das ist doch schön, oder?" Faszinie-

Foto: MPower/ Photocase

rend aus russischer Sicht ist die hohe Qualität: „Genau wie in einem Restaurant! Und nicht nur das: Alles ist bio! Das Coolste ist: Kinder dürfen ihren eigenen Hüttenkäse oder die Marmelade auf ein Brötchen streichen und den Löffel oder die Gabel selbst benutzen." Das Wunder der Selbstständigkeit beeindruckt auch eine Polin: „Die Kinder setzen sich gemeinsam zum Essen hin. Doch sie werden in keiner Weise zum Essen gezwungen. Wenn sie Lust haben, können sie essen, wenn nicht, müssen sie es nicht." Nur eine Ukrainerin beklagt: „Was ich schwer aushalte: Deutsche Kinder dürfen beim Essen sprechen."

Unglaublich, wie gut vielen Kindern deutsches Essen zu schmecken scheint: „Übrigens: Egal, wer in der Kita kocht, gewöhnen Sie sich daran, dass das, was Ihr Kind dort isst, ihm besser schmeckt als das, was Sie für es kochen", schreibt eine Spanierin, und eine Mutter aus dem Jemen berichtet: „Obwohl mein Sohn kein großer Esser und in dieser Hinsicht sehr wählerisch ist, mochte er die Gerichte, die ihm im Kindergarten serviert wurden, vor allem das Mittagessen, so sehr, dass er mich bat, auch so etwas für ihn zuzubereiten."

IST DEN KITAS ETWAS HEILIG?

Vor allem auf französische und amerikanische Eltern wirken deutsche Kindergärten fast wie Sekten: „Die Kinder singen oder beten vor dem Essen, um Gott zu danken... Sie singen sogar ein Lied, in dem es heißt, dass Gott dich liebt. Und alle singen mit! Unglaublich."

Ganz anders sieht eine Ungarin die Sache mit der Religion: „Dann flüsterte ein älterer Vater, dass wir an die Angehörigen anderer Religionen denken müssen, damit wir sie nicht beleidigen." Einer der besagten „Angehörigen anderer Religionen" erinnert sich im muslimischen Jemen hingegen gerne und ganz unbeleidigt: „In kultureller Hinsicht hat mein Sohn viel über die traditionellen Feste in Deutschland gelernt, über Karneval, Weihnachten und so weiter."

WIE OFT GEHEN DIE KINDER EIGENTLICH RAUS?

Dass Deutschland ein Land des „täglich Rausgehens" ist, beeindruckt fast alle europäischen Eltern. „Je nach Wetter gehen die Kinder ein- oder sogar zweimal am Tag spazieren. Am häufigsten gehen sie im Garten spazieren", berichtet eine Russin.

Französische Eltern hingegen wundern sich, denn: „Die Kinder im Kindergarten ziehen eine Art Skianzug an, bevor sie bei schlechtem Wetter draußen spielen gehen. Das ist so ein Ding, für das sie 10 Minuten brauchen, um es anzuziehen, um 10 Minuten draußen zu spielen."

WIE HÄLT MAN ES MIT DER SAUBERKEIT?

Eine Japanerin macht sich Sorgen: „Deutschland ist ein Land, in dem die Menschen nicht viel Wasser verbrauchen, und Geschirr wird oft in einer Wasserlache gewaschen. Bis vor etwa 30 Jahren war es unüblich, jeden Tag zu duschen. Selbst heute werden Babys im Allgemeinen nur einmal pro Woche gebadet. Nicht leicht zu entscheiden, ob man sein Kind hier zur Kita schicken soll oder nicht."

Foto: Paula Corberan / unsplash

Dreck ist ok, sollte aber in der Kita entfernt werden, findet eine Finnin: „Wenn sich das Kind ein größeres Unglück in der Hose zuzieht, werden die Unterhosen oder Hosen nicht gereinigt, sondern nur in eine Tüte gesteckt. Es war also eine schöne Überraschung, als ich das erste Mal ein solches Paket bekam. Ich war schockiert, als ich die Tüte öffnete. Sie war voller Kacke und roch erschreckend schlecht. Später habe ich erfahren, dass das Gesetz die Kindermädchen nicht verpflichtet, sie zu waschen oder gar die Kacke von der Hose zu entfernen."

WAS MACHT DIE DEUTSCHE KITA AUS?

Nach anfänglicher Irritation begeistern sich viele Eltern für die Arbeit in den besuchten Kitas. „Was ich am Kindergarten liebe? Freiheit, in erster Linie körperliche Freiheit", schreibt eine Italienerin. Denn: „Es scheint mir, dass deutsche Kindergärten auf natürliche Weise die Methoden und Werkzeuge alternativer Bildungsmodelle übernommen haben, insbesondere die von Montessori und Steiner – eine recht ausgewogene und offene Mischung."

Eine Amerikanerin schwärmt: „Berlin ist kein Ort, der eine Bewegung der freien Kindererziehung braucht. Das freie Modell ist hier der Standard."

Und trotz ungeduschter Kinder resümiert die Japanerin am Ende: „Selbst wenn alle anderen schon spielen, kann man sein eigenes Tempo beibehalten, und es gibt niemanden, der einem sagt, man solle sich beeilen. Eine Gesellschaft, in der die Menschen nach ihrem eigenen Rhythmus leben können."

SATIRE

LERNZIEL DEUTSCHNESS

Text: Michael Fink

Ja, Deutschland ist kein easy-peasy-Land, sondern eines, dessen sperrigen Charakter die Eingewöhnung erschwert.

Gut, dass der deutsche Kindergarten seinen Auftrag ernst nimmt und die jüngsten Landeskinder darauf vorbereitet, was es heißt, deutsch zu sein.

Die folgenden pädagogischen Instrumente erleichtern es, das Lernziel Deutschness zu erreichen.

DEUTSCHLAND IST DAS LAND DER FORMULARE.

Alle, die nach Deutschland kommen und hier arbeiten wollen, kennen das: Erst einmal muss man ein Formblatt „Ausbildungsanerkennungsbeantragungsformblatt IIa Strich 37" ausfüllen. Wegen nicht vorgenommener Angaben im Formularfeld 23 c-f wird man nach kurzer Bearbeitungszeit streng gemustert und erhält das Blatt mit der Auskunft zurück: „So kann das nicht bearbeitet werden!" Eine wichtige Erfahrung, die keinem jungen Deutschen vorenthalten werden sollte.

Um den Vorgang dennoch zu beschleunigen, üben wir im deutschen Kindergarten das Formularausfüllen, lange bevor die Kinder schreiben können. Mittel der Wahl sind unsere typisch deutschen Ausmal-Mandalas in DIN A4 mit ganz vielen Ausmalfeldern.

DEUTSCHLAND IST EIN LAND, IN DEM KLARE REGELN GELTEN.

Dazugehören darf nur, wer sich an Regeln hält. Ob jemand dazu bereit ist, erkennt man weniger bei der Einhaltung von Regeln, die der oder die Betreffende sowieso gut findet, sondern vor allem daran, wie er oder sie sich verhält, wenn Regeln keinen Sinn ergeben. Stichwort: leere Straße – rote Fußgängerampel.

Im deutschen Kindergarten tun wir alles dafür, dass Kindern Regeln begegnen, die kritische Fragen hervorbringen. Regeln wie „Wir singen nicht beim Essen", „Wir rennen nicht im Flur", „Nur Nachtisch, wer Brokkoli wenigstens probiert" und „Niemals klettern wir die Rutschbahn rauf" lassen Kinder erleben: Das macht zwar keinen Sinn – aber genau deshalb halten wir uns dran.

DEUTSCHLAND IST DAS LAND, IN DEM GEDULD EINE TUGEND IST.

Wir sind kein Hoppla-hier-komm-ich-Land, in das man einfach so reinplatzen und sofort arbeiten oder gar mitwählen kann. Wer neu dazukommt, muss schon ein bisschen warten können. Wenigstens zwei, drei oder fünf Generationen lang.

Wie kann man das den Kindern besser vermitteln als durch das Ritual des Morgenkreiswartens? Auf der harten Garderobenbank merkt jedes Kind: Wer schon länger bei uns ist, darf die große Morgenkreisglocke schwingen, und wer erst angekommen ist, muss draußen sitzen und warten, warten, warten...

DEUTSCHLAND IST EIN LAND, IN DEM WERTE GELTEN.

Und zwar in Form wertvoller Autos. Um zu verstehen, was Liebe ist, muss man das erlebt haben: großzügige Doppel- und Triplegaragen, die selbst Bewohner winziger Butzen ihren Fahrzeugen gewähren, empathische Anfeuerungsrufe, um den eigenen Sportwagen auf der Überholspur zu Höchstleistungen anzutreiben, und tiefe Trauer, wenn wir kleinste Lackschäden auf der Karosserie unseres vierrädrigen Freundes entdecken.

Im Kindergarten sorgen wir dafür, dass die Kinder zu empathischen Deutschen werden: durch großzügige Verkehrsteppiche, die einladen, dem eigenen Fahrzeug genügend Auslauf zu geben, durch Spielzeug-Parkgaragen, die jedem Vierrädrer seinen warmen, sicheren Platz garantieren, und durch Bobbycar-Rennstrecken im Garten, auf denen die Kinder spielerisch lernen können, schnellen und dominanten Fahrzeugbenutzern Rücksicht entgegenzubringen – im ureigensten Interesse.

DEUTSCHLAND IST EIN LAND MIT SINN FÜR TRADITIONEN.

Bei uns ist Vereinbarkeit von Beruf und Familie kein hohles Schlagwort, sondern ein ehrlicher, harter Fight mit ChefIn, Jugendamt und ErziehungsparterIn.

Im Kindergarten versuchen wir, Kindern die Vorzüge einer klar geregelten familiären Rollenverteilung sensibel und offen zu vermitteln. Zum Beispiel mit geeignetem Liedgut: „Erst kommt der Sonnenkäferpapa! Dann kommt die Sonnenkäfermama! Und hintendrein, ganz klitzeklein, kommen die Sonnenkäferkinderlein..."

DEUTSCHLAND IST DAS BELIEBTESTE LAND DER WELT.

Laut sachkundiger Aussagen namhafter Rechtspopulisten läuft unser Land jederzeit Gefahr, von all seinen Fans überrannt und okkupiert zu werden. Jawoll, das wird man jetzt endlich so sagen dürfen! Dagegen hilft nur, sich nach außen abzuschotten und einen abschreckenden Eindruck zu vermitteln: So toll ist es bei uns auch nicht!

Ein probates pädagogisches Mittel sind unsere typisch deutschen Fensterbilder. Sie wehren Sonnenstrahlen ab, die nur darauf warten, in die Kita einzudringen, sie zu überfluten und völlig zu verändern. Außerdem verhindern die Bilder Pull-Faktoren, denn sie wirken abschreckend auf interessierte Fremde: Willst du wirklich hier rein, wo überall die gleichen hässlichen Schneemänner kleben?

Foto: luxuz::. / Photocase

3.

Freispiel oder Regelplakat: Was ist an der deutschen Kita typisch deutsch?

INTERVIEW

DIE KINDER KÖNNEN NICHT MEHR SPIELEN!

Interview: Erika Berthold

Stimmt das? Und wenn ja – wer oder was hindert sie daran?

Christiane Feuersenger beantwortet diese Frage, plädiert für genügend Zeit und Raum für freies Spiel und findet, Erzieherinnen und Erzieher sollten Fachkräfte für Spiel sein, denn Spielzeit ist Lebenszeit.

Spielst du gern?

Im Moment habe ich wenig Zeit zum Spielen. Mit meiner Enkelin spiele ich am liebsten „Activity", ein ziemlich kompliziertes Spiel, weil man sich an bestimmen Stationen Aktivitäten ausdenken muss, die da hinpassen. Das erfordert komplexes Zusammenspiel. Sie ist darin schneller als ich und gewinnt meistens. Das Wichtigste für mich ist, dass wir dabei viel lachen.

Und was spielst du noch?

Ich mache bei den „Miesmuscheln" mit, einer Gruppe von Erzieherinnen, Leiterinnen, und zwei Lehrerinnen sind auch dabei. Unsere Spezialität ist, den pädagogischen Alltag in der Kita aufs Korn zu nehmen. Es macht sehr viel Spaß, Ideen einzubringen, Spielszenen und Rollen zu entwerfen. Bei unseren Aufführungen saßen vor allem Erzieherinnen und Erzieher im Publikum. Manche Probleme brauchten wir nur anzudeuten, schon lag der ganze Saal flach. Am meisten gefiel den Leuten, dass wir ihre Arbeit auf die Bühne bringen. Lehrer sind ja oft Gegenstand von Satire. Aber Erzieherinnen? Eher nicht.

Neulich erzählte mir eine Leiterin, die auf einer Fortbildungs-Exkursion in Italien war, sie habe dort gesehen, dass an einer Kita in Großbuchstaben stand: „Bei uns wird wirklich nur gespielt!" Wie findest du das?

Schön, wenn sich dahinter nicht ein pädagogisches Angebot der Erwachsenen versteckt. Als pädagogische Fachkräfte sollten wir schon etwas mehr sagen, nämlich warum Spiel so wichtig ist. Außerdem ist es ja so, dass Kinder nicht nur spielen. Bei uns putzten sie Spiegel, nähten mit der Erzieherin Puppenkleider oder halfen zum Beispiel mit, wenn in der Kita Gehwegplatten verlegt wurden, obwohl ihnen das niemand aufgetragen hatte. Kinder wollen echte Arbeit machen und unterscheiden das auch deutlich vom Spiel. Sie wollen wirksam sein.

Wir mussten mal zentnerweise Mulch von der Straße in unseren Kita-Garten transportieren, mit Eimern und Schubkarren. Die Kinder fragten, ob sie mitmachen dürfen. Ja, klar.

Manchen Kindern war es irgendwann zu anstrengend, manchen Erwachsenen auch. Da brachte die Köchin Tee raus, und alle machten Pause. Eine Zeitlang saßen Drei-

und Vierjährige daneben und bauten irgendwas aus dem Mulch, ohne dass es die mitarbeitenden Kinder gestört hätte. Manchmal nahmen die Jüngeren Buddeleimer und halfen mit. „Wir gehen zur Arbeit", sagten sie dann. Das passte in ihr Spiel. Sie spielten „arbeiten" und arbeiteten spielend. Als die Eltern nachmittags zum Abholen kamen, spannten die Kinder sie auch gleich ein. So etwas meine ich mit „echter Arbeit".

Kinder spielen immer und überall, aber sie wollen auch gern mitarbeiten, wenn es für sie überschaubar ist...

... und wenn sie merken: Das ist nützlich und bringt Anerkennung.

Ja, absolut. Es gab Kinder bei uns, die immer gern in die Küche kamen und beim Kartoffelschälen halfen. Hatten sie keine Lust mehr zum Schälen, deckten sie ein Tuch über eine Ablage, beschwerten es mit Mehltüten, sodass das Tuch nicht runterrutschen konnte, krochen unter die Ablage und ruhten sich aus. Mal schlief ein Kind dort sogar ein.

Natürlich hängt so etwas davon ab, ob die Köchin es zulässt und ob das Team das unterstützt. Und natürlich gab es Regeln, die die Kinder befolgen mussten, zum Beispiel sich vorher gründlich die Hände zu waschen.

In vielen Spielen gibt es ja auch Regeln. Oder es werden Regeln erfunden.

Ich kenne kein Spiel der Kinder, in dem es keine Absprachen und Verabredungen gibt. Sonst könnten sie nämlich gar nicht zusammen spielen. Das Entscheidende ist aber, dass die Kinder das selbst tun. Wenn Erwachsene Regeln festlegen, nach denen die Kinder handeln sollen, dann zerstören sie das Spiel.

Wir sprechen ständig über Partizipation, über demokratisches Handeln, Selbstbestimmung, Resilienz und tun uns verdammt schwer damit zu erkennen, dass die Kinder diese Fähigkeiten zuallererst im selbstbestimmten freien Spiel hervorbringen und üben. Meiner Erfahrung nach erweitern Kinder, die in offenen und flexiblen Spielsituationen unterwegs sein können, ständig ihren Handlungsradius, entwickeln eher eigene Ideen und auch Regeln, die es vorher noch nicht gab. Kinder, die an ein solches Umfeld nicht gewöhnt waren, fragten uns oft: „Was soll ich denn jetzt spielen?"

Aus meiner Sicht sollten Erzieherinnen unterstützt werden, sich auf das Wesentliche zu konzentrieren, nämlich: In der Kita Bedingungen dafür zu schaffen, dass die Kindern frei spielen können.

Was meinst du damit?

Für mich bedeutet freies Spiel, dass die Kinder selbst bestimmen, was und wann sie spielen, wie lange, wo und mit wem sie spielen. Sind diese „5 W-Freiheiten" in der Kita gegeben, wählen die Kinder auch mal die bei Erwachsenen beliebten Regelspiele. Darunter werden aber nicht selten nur die sogenannten Tischspiele verstanden. Wie der Name schon sagt: Man sitzt am Tisch und spielt. Hartnäckig hält sich der Ruf bei Pädagogen: Wer oft genug „Mensch ärgere dich nicht" spielt, gewinnen und verlieren lernt oder viele verschiedene Puzzles zusammensetzt, ist besser auf das (Schul-)Leben vorbereitet als ein Kind, das sich dafür nicht begeistert, wilde Spiele bevorzugt und sein Ding macht. Wozu gibt es sonst in manch einer Kita einen Regelspielraum oder Regale voller solcher Spiele?

Weshalb ich das erzähle: Es gibt Fachkräfte für Sprachentwicklung, für Naturpädagogik, für Musik und für was nicht alles. Ich finde, dass die pädagogischen Fachkräfte zuallererst Fachkräfte für Spiel und Beziehungen sein sollten. Dazu gehört auch, den Kindern die vielfältigsten Spielformen zu ermöglichen.

Die Spezialisierung nach Bildungsbereichen kann dazu verleiten, die Bedeutung des selbstbestimmten freien Spiels zu unterschätzen. Kinder entwickeln sich aber nicht nach Bildungsbereichen. Was in der Schule der Unterricht ist, wird in der Kita nicht selten als Angebot mit spielerischen Mitteln getarnt. Spiel als Mittel zum Zweck. Dass das freie Spiel Selbstverwirklichung ist, Kindheit ausmacht und Persönlichkeitsentwicklung bedeutet, ist in Vergessenheit geraten.

Immer mehr Erzieherinnen beklagen, dass Kinder nicht mehr spielen können, ohne dass Erwachsene in der Nähe sind, die Konflikte lösen und Spielideen liefern. Wäre das in meiner Kita der Fall, würde ich mich fragen: Was läuft da schief? Nicht bei den Kindern, sondern bei uns, den Erwachsenen.

Im Netzwerk Offene Arbeit Berlin/Brandenburg erzählte neulich eine Kollegin, ihre Enkelin habe gesagt: „In der Kita müssen wir immer warten." Wir beschlossen, dass jede von uns in ihrer Kita bei einem ausgewählten Kind beobachtet, was es den ganzen Tag über macht, wann es warten muss und wie viel Zeit dabei vergeht. Angenommen, das Kind bleibt neun Stunden in der Kita – wie viel Zeit verbringt es im Bad, weil es zum Händewaschen geschickt wird, wie viel Zeit verbringt es, bevor es zum Essen geht und beim Essen, wie viel Zeit verbringt es in der Garderobe, bevor es rausgehen darf, und so weiter. Im Idealfall kann das Kind noch ein bis zwei Stunden zu Hause spielen. Dann sollte es aber mindestens sieben Stunden in der Kita gespielt haben.

Foto: Kita „Menschenskinder“ Berlin

Auch außerhalb unseres Netzwerks habe ich erlebt: Fast die Hälfte der Zeit geht für pädagogische Angebote, für Hygiene und Abwarten drauf. Für Integrationskinder kann das noch dramatischer aussehen, weil sie an bestimmten Therapieprogrammen teilnehmen müssen.

Sieben bis acht Stunden am Tag sollten Kinder spielen, damit sich Körper, Seele und Geist gesund entwickeln. Das sagen jedenfalls Spielforscher.[1] In manchen Kitas wird diese Zeit knapp erreicht. Es gibt auch Kitas, die darüber liegen, aber viele Kita-Teams – das habe ich in meinen Seminaren festgestellt – waren erschrocken, wie wenig Zeit die Kinder zum selbstbestimmten freien Spiel haben.

Was brauchen Kinder zum Spielen?

Eine sichere Umgebung, wohlwollende Erwachsene, die ihnen den Rücken stärken, Räume mit genügend Platz und Spielmaterial, also mehr Zeug zum Spielen als Spielzeug. Sie brauchen Zeit, Muße und Freiheit in dem, wie sie etwas ausdrücken. Sie brauchen die freie Wahl des Ortes, an dem sie spielen, die freie Wahl, mit wem, womit und wie lange sie spielen. Wenn ein Kita-Team diese Bedingungen für die Kinder sichert, verwirklicht es ganz wichtige Kinderrechte, nämlich des Recht auf Spielen und zugleich das Recht auf Bildung.

Gerade jetzt, wo viele Erzieherinnen am Ende ihrer Kräfte angelangt sind, zum Beispiel wegen des unzureichenden Personalschlüssels, fragen nicht wenige: Können wir überhaupt noch etwas tun?

Ja, wir können etwas tun. Besinnen wir uns auf das Wesentliche, auf das Spiel der Kinder. Sorgen wir dafür, dass die Räume drinnen und draußen hohen Aufforderungscharakter haben. Was spricht dagegen, uns mehr vom Geist eines Abenteuerspielplatzes inspirieren zu lassen? Schauen wir darauf, was die Kinder von sich aus spielen, was sie dafür brauchen, schützen wir ihre selbstgewählten Gruppen, ihre Lieblingsorte und stellen wir ihnen ausreichend verschiedenste Materialien und genügend Zeug zum Spielen bereit. Die Zeit der Kinder wird nicht verplant, und ihr selbstbestimmtes Spiel wird gesichert. Das ist übrigens ein Markenzeichen guter offener Arbeit.

Ein Beispiel: In der Kita, die ich leitete, wollten einige Jungen gern einen eigenen Ort haben, einen Jungs-Klub. Ein Erzieher half ihnen, auf einer Art Podest im Garten Holz zusammenzutragen. Daraus bauten sie sich mit Tarnnetzen eine Bude. Als die Glocke zur ersten Essen-Runde rief, hatten sie keine Zeit, in der zweiten Runde auch nicht. Der Erzieher ließ sie machen, denn sie waren so intensiv in ihr Spiel, ihre Arbeit vertieft, dass sie keinen Hunger hatten. Und wenn doch, war es ihnen wichtiger, ihren Plan umzusetzen.

1 Vgl. Krenz, A.: Kinder spielen sich ins Leben. In: Kita-Handbuch, 2021

Foto: Kita „Menschenskinder“ Berlin

Verhungert wären sie schon nicht.

Ja, sie hätten, wenn sie fertig sind, in die Küche kommen und sagen können: Kriegen wir noch was zu essen? Natürlich nicht die ganze Mahlzeit, aber Knäckebrot und Obst hätte es mit Sicherheit gegeben. Doch der Erzieher machte es anders. Er stellte auf ein Tablett, was es zu essen gab, und brachte es ihnen auf ihre Baustelle. Nur dieser Kollege tat das, die anderen Erzieherinnen nicht.

Vielleicht dachten sie: Womöglich wollen dann plötzlich alle Kinder ihr Essen im Garten serviert bekommen.

Und selbst wenn – warum denn nicht? Draußen gab es immer Tische, an denen man auch essen kann.

In die Bude, die die Jungen sich gebaut hatten, durften keine anderen Kinder. Davor hatten sie ein Schild mit gekreuzten Händen und einem Totenkopf angebracht: Verboten! Das schließt die Mädchen aus, dachten wir. Wo bleibt denn da die Gleichberechtigung! Sollten wir mit den Jungen sprechen und versuchen, ihr Spiel so zu lenken, dass sie auch Mädchen aufnehmen? Nein, denn das würde das Spiel zerstören.

Ihr hättet die Mädchen ja fragen können, ob sie sich einen Mädchen-Klub bauen wollen, da sie nicht von allein auf die Idee gekommen waren.

Das hat eine Kollegin versucht, aber die Mädchen hatten daran kein Interesse. Und nach ein paar Tagen durfte plötzlich doch ein Mädchen an der Bude mitarbeiten und im Jungs-Klub mitspielen.

Solche Orte, an denen sie ihre Geheimnisse miteinander teilen können und an denen Erwachsene keinen Zutritt haben, wünschen die Kinder sich. Kinder haben ein Recht darauf, so zu sein, wie sie sind, und ihre eigenen Dinge zu betreiben, ohne ständig beäugt oder gar reglementiert zu werden. In unserer Konzeption stand: Kinder haben ein Recht auf erwachsenen-freie Räume.

Das können viele Erzieherinnen nicht gut aushalten – aus Angst, dass etwas passieren könnte…

… und davor, was die Eltern sagen, wenn sich ein Kind wirklich mal verletzt.

Am Tag der offenen Tür erzählten wir den Eltern, wie das Leben in der Kita abläuft und dass wir die Kinder nicht vor jedem Sturz oder Fall bewahren können. Zwar ist die Kita ein geschützter Raum, den viele Leute daraufhin geprüft haben, dass nichts gefährlich ist. Aber wenn Kinder spielen und dies oder jenes ausprobieren, gehört ein kalkulierbares Risiko dazu.

Bei uns fuhr mal ein Kind mit einem Rollbrett gegen eine Wand. Es hatte das Brett an der Stirnseite angefasst, Schwung geholt, knallte mit dem Brett gegen die Wand und brach sich einen Finger. Danach forderte seine Mutter, dass die Rollbretter aus der Kita verschwinden.

Auf dem nächsten Elternabend berichteten wir von dem Unfall und erklärten, warum wir die Rollbretter behalten wollen. Wir versprachen, mit allen Kindern darüber zu sprechen, wie man mit den Brettern umgeht und wie sie das trainieren können. Gemeinsam malten wir Schilder – das machen Kinder ja gern –, auf denen zu sehen ist, wie man die Rollbretter anfassen muss, damit nichts passiert. Außerdem baten wir die Eltern zu erzählen, welche Abenteuer sie in ihrer Kindheit bestanden hatten. Da kamen Sachen zur Sprache – dagegen war die Fahrt mit dem Rollbrett ein Witz.

Überall hören wir jetzt, dass Kinder lernen sollen, empathisch zu sein. Aber wo und wie? Im Spiel natürlich, denn dabei erleben sie, wie andere Kinder empfinden, und üben zunehmend, sich in sie hineinzuversetzen. Natürlich lernen sie das auch von Erwachsenen, wenn die sich gegenüber Kindern ebenso verhalten. Aber voneinander lernen Kinder Dinge, die Erwachsene ihnen nicht vermitteln können.

Zum Beispiel?

Da fällt mir eine Szene ein: Ich stehe in der Nähe zweier Kinder – Bruder und Schwester –, die sich streiten. Ein Mädchen möchte mit mir sprechen, fühlt sich aber von den Streitenden gestört, geht zu ihnen und fragt den Jungen: „Willst du mit deiner Schwester spielen?“ Da sagt der Junge: „Ja.“ Darauf fragt sie das Mädchen: „Willst du mit deinem Bruder spielen?“ „Nein“, antwortet das Mädchen. Nun wendet sie sich an den Bruder und sagt: „Du, ich will bloß Christiane kurz was fragen. Soll ich danach mit dir spielen?“ „Ja“, sagt der Junge. Die Streitenden waren Zwillinge, dreieinhalb Jahre alt. Die Konfliktlöserin war fünf.

Mir fällt noch ein anderes Beispiel ein: Ein Junge, der neu in der Kita war, hatte es sehr schwer, mit anderen Kindern zu spielen. Eines Tages kam er in den Toberaum und sagte: „Ich koche heute Zaubersuppe. Wer macht mit?“ Alle guckten ihn verwundert an, aber zwei Jungen folgten ihm ins Atelier. Er sagte: „Ich bin der Chef, ihr seid die Rührer“, holte einen Eimer, füllte ihn mit Wasser, schüttete alles Mögliche hinein, zum Beispiel Späne aus einer Anspitzmaschine, rührte kräftig in der Brühe und schaute zu, wie sich ein Strudel entwickelte. „Guckt da rein“, forderte er die Mitmacher auf. Wirklich, wenn man in den Strudel guckte, wurde einem ganz schwindlig. Einer der beiden Mitmacher musste immer weiterrühren, während der Junge Farben und Kleister in die Suppe kippte. Danach holte er biegsame Röhren und Schläuche, stieg auf den Tisch, der andere Mitmacher musste ihn festhalten, und goss die Suppe durch einen Trichter in einen Schlauch, sodass sie schließlich in einer Schüssel landete. Der dritte Junge konnte nur noch staunen…

Ich beobachtete das Treiben und verhielt mich wie ein Mäuschen, aber die Jungen hatten mich längst vergessen. Sie waren dermaßen bei der Sache und sich ganz sicher: Das wird eine Zaubersuppe! Alle drei Kinder hatten ein starkes Erlebnis. Das führte dazu, dass der zuvor eher einsame Junge zwei Freunde gefunden hatte…

… und einen Weg, im Spiel seine Fähigkeiten zu zeigen, Anerkennung zu finden.

Ja, seine Mitspieler fanden toll, was er für Ideen hat. Und irgendwie gelang es ihm ja beim gemeinsamen Suppe-Kochen, alle und sich selbst zu verzaubern. Aber du kannst dir nicht vorstellen, wie das Atelier hinterher aussah!

Und wer räumte auf? Die Erwachsenen?

Ja, um die Bedingungen für neue Experimente zu schaffen. Soll etwas stehenbleiben, malen die Kinder ein Schild, das darauf hinweist, und irgendwann wird das Zeug wieder für neue Spiele gebraucht.

Wenn Erwachsene merken, dass etwas für die Kinder Bedeutungsvolles passiert oder entsteht, dessen Sinn oder Inhalt sie vielleicht nicht begreifen, müssen sie es bewahren. Dann sieht das Atelier ebenso aus, wie es nach dem Kochen einer Zaubersuppe aussieht. Kinder finden immer einen Weg, damit umzugehen. Das konnte ich oft von ihnen lernen.

Es war ja ein Zufall, dass ich diese Szene miterleben durfte. Aber mir war klar: Ich darf nicht stören. Ich wusste auch, dass meine Kolleginnen nicht denken: Jetzt sitzt

Christiane Feuersenger ist Erzieherin, Diplomsozialpädagogin, Kitagründerin und langjähriges Mitglied im Netzwerk Offene Arbeit Berlin/Brandenburg.
Aktuell ist sie als freie Fortbildnerin tätig.

Netzwerk Offene Arbeit Berlin-Brandenburg
Kontakt: christiane.feuersenger@t-online.de

die Christiane da mit drei Kindern und macht sich einen Bunten, das kann ja wohl nicht wahr sein!

Wieso warst du dir da so sicher?

Man muss das im Team vorher grundsätzlich diskutieren und voneinander lernen.

Eine Kollegin zeigte uns in der Teamberatung mal Fotos, die sie in einer Situation von einem dreijährigen Jungen gemacht hatte, der völlig versunken aus einer Schale Vogelsand schaufelte, und sagte: „Jetzt guckt euch das mal an.“ Dieser Junge war gerade aus dem Nest gekommen. Dort hatte er große Schwierigkeiten gehabt, rempelte andere Kinder an, haute sie, und es zeigte sich: Das Nest war ihm einfach zu eng. Die Kollegin hatte beobachtet, wie der Junge die Schale entdeckte und begann, mit dem Sand zu hantieren. Ein älteres Mädchen kam mit einem Handfeger und einer Schippe dazu. Was von dem Sand neben die Schale gefallen war, fegte das Mädchen auf und füllte es wieder ein. Nach kurzer Zeit sah man beide mit Schippe und Handfeger arbeiten. Uns sagte die Kollegin: „Ich wollte euch zeigen, was passiert, wenn der Junge etwas tun kann, das ihn interessiert.“ Solche selbstinitiierten, frei spielenden Gruppen und die Spielumgebung zu schützen, das habe ich von dieser Kollegin gelernt und finde: Das ist eine der wichtigsten Aufgaben, die Erzieherinnen haben.

Apropos freies Spiel: Wieso werden Kinder eigentlich reglementiert, wann sie rauszugehen haben. Warum können sie nicht immer dann rausgehen, wenn sie es wollen? Ich kenne eine Kita, in der ein Kollege täglich im Garten ist, weil er sich da wohlfühlt. Er hat einen Bauwagen angeschafft und ihn an den Rand des Kita-Gartens gestellt. Da sitzt er, erwartet die Kinder und baut mit ihnen aus Steinen und Mörtel Mauern oder andere Dinge.

Meistens wird viel mehr Wert auf die Gestaltung der Innenräume gelegt als zum Beispiel auf die Gestaltung eines wilden Gartens. Dabei müsste es eigentlich das Wichtigste sein, dass Kinder draußen spielen wollen und können. Von einer Landschaftsgestalterin habe ich noch folgenden Satz in den Ohren: „Wenn Großstadt-Kinder nur selten in die Natur kommen, müssen wir die Natur zu uns in den Kindergarten holen.“

Einmal kam ein Mädchen zu mir und sagte: „Du, ich hatte mich eben hinter der Hecke versteckt, als die Essenglocke bimmelte, und plötzlich kam ein Igel vorbei. Ich habe ihn gesehen, aber er hat mich nicht gesehen.“ Hätte das Mädchen das erlebt, wenn alle 60 Kinder im Garten gewesen wären? Hätte sie es erlebt, wenn sie pünktlich zum Essen gekommen wäre? Wohl kaum.

Solche Erfahrungen wie die des Mädchens sind elementare Erfahrungen. Sie sind nicht nachholbar, denn der Igel kommt in dieser Situation nicht ein zweites Mal vorbei. Ich wünschte mir, dass eine Kita Möglichkeitsräume für alle Kinder bietet, in denen jedes von ihnen auf seine eigene Weise große und kleine Lebensabenteuer allein oder gemeinsam mit anderen Kindern erleben kann.

Das freie Spiel ist für die Kinder kreative Lebensbewältigung. Deshalb bin ich so besorgt, wenn ich höre: Kinder können nicht mehr richtig spielen. Und was heißt eigentlich richtig? Die Ursache wird häufig bei den Kindern gesucht, ohne sich die Bedingungen anzuschauen, auf die die Kinder mit ihrem Verhalten in der Kita reagieren. Wir setzen die Kindheit im wahrsten Sinne des Wortes aufs Spiel, wenn wir ihnen nicht das freie, spontane Spiel ermöglichen, in dem sie ihre nötigen Entwicklungsschritte vollziehen. In ihrem Buch „Kindheit – aufs Spiel gesetzt“ schreibt Gabriele Pohl: „Was es dazu von Erwachsenen braucht, ist vor allem Raum, Freiraum, zeitlicher Raum, damit sich inniges Spiel überhaupt entfalten kann. Verständnis für die Wichtigkeit und Notwendigkeit des Spiels, liebevolles Interesse für das, was das Kind spielt, und anregungsreiches Material…“[2]

Kinder sind so neugierig, gehen allem mit Lust und einer Wahnsinns-Energie auf den Grund, sind kreativ und haben Ideen. Das sind doch genau die Dinge, die man ein Leben lang braucht.

2 Vgl. Pohl, G.: Kindheit aufs Spiel gesetzt. Vom Wert des Spielens für die Entwicklung des Kindes. Springer Spektrum 2014, S. 3

Foto: Kita „Menschenskinder" Berlin

INTERVIEW

JEDEN PAMPEL KÜSST DIE MUSE

alle Fotos: PampleMuse

Interview mit Manja Hofmann, Leiterin der AWO-Kita „PampelMuse" in Chemnitz

Lena: Hallo Manja! Du bist die Leiterin der Pampelmuse in Chemnitz. Vielleicht erzählst du uns kurz, was eure Kita besonders macht?

Manja: Unser Motto lautet: „Jeden Pampel küsst die Muse." Dahinter steht die Idee, dass jeder bei uns herausfinden kann, was ihn besonders macht und wie er seine Muse in die Gemeinschaft einbringen kann. Den Schlüssel dafür sehen wir in der konsequenten Beteiligung von Kindern und ihren Familien.

Lena: Seit wann leitest du die PampelMuse und wie bist du dazu gekommen?

Manja: Nach meinem Studium der Elementarpädagogik habe ich als Kursleiterin in der Familienbildung und als Fachberaterin im Sächsischen Landesjugendamt gearbeitet. 2009 bewarb ich mich bei der AWO in Chemnitz, die mir die Leitung der Kita Pampelmuse anbot. Als ich das Team und den Ort kennengelernt habe, war ich sofort begeistert. Der Alltag wurde schon damals stark aus der Perspektive der Kinder gestaltet, und das hat mich sehr angesprochen.

Lena: Du wolltest diese kindorientierte Ausrichtung der Kita weiterentwickeln. Wie hat das Team darauf reagiert?

Manja: Mir ging es darum, ein hohes Maß an Transparenz und Verbindlichkeit in Bezug auf die Beteiligung von Kindern und Familien in unserem Haus zu schaffen. Kinder sollten ihre Rechte kennen und nicht davon abhängig sein, ob wir sie einbeziehen wollen oder nicht. Eine Kindergartenverfassung erschien mir dafür ein gutes Instrument zu sein. Am Anfang gab es unterschiedliche Reaktionen im Team. Einige fühlten sich stark verunsichert, hatten Angst, dass ihre bisherige Arbeit nicht wertgeschätzt wird. Andere hatten Schwierigkeiten, ihre Rolle neu zu definieren. Besonders herausfordernd war das Thema „Macht abgeben" – also die Frage, wie viel Kontrolle und Einfluss wir Pädagoginnen auf Entscheidungen im Alltag der Kinder nehmen sollten und wie viel Selbst- und Mitbestimmung wir ihnen ermöglichen.

Lena: Wie seid ihr mit den Unsicherheiten und Ängsten umgegangen?

Manja: Es brauchte vor allem viel Zeit und Raum für Gespräche. Besonders wichtig war es, die Bedürfnisse und Wünsche sichtbar zu machen, die hinter den Ängsten und der Verunsicherung der Pädagoginnen standen. Es war nicht einfach, aber wir haben den Prozess als Chance gesehen, neu zu denken. Gemeinsam.

Lena: Gab es auch Widerstände von Seiten der Eltern?

Manja: Ja, einige Eltern fühlten sich sehr verunsichert. Sie hatten Angst, dass eine stärkere Beteiligung ihrer Kinder im Kindergarten Einfluss auf ihre Erziehung und ihren Alltag haben könnte. Oder sie fürchteten, Vertrautes aus dem Kita-Alltag zu verlieren. Es bildeten sich sogar Allianzen zwischen Eltern und Teammitgliedern, denen das Projekt zu weit ging. Wir antworteten darauf mit noch mehr Dialog und Transparenz: Wir boten Workshops an, sprachen miteinander und veröffentlichten die Dokus von Teambesprechungen und Veranstaltungen zum Thema Beteiligung und Kindergartenverfassung. Zudem sprach ich Eltern direkt an, bei denen ich das Gefühl hatte, sie mit den bisherigen Formaten nicht erreichen zu können.

Dabei ging es mir darum, andere Perspektiven zu verstehen, den damit verbundenen Wünschen und Bedürfnissen der Eltern Raum zu geben, ihre Fragen zu hören, emotionale Debatten fachlicher zu führen. Fragen bilden

Kontakt: Musischer Kindergarten und Kinder- und Familienzentrum PampelMuse
Bernhardstraße 4, 09126 Chemnitz
E-Mail: kiga.pampel-muse@awo-chemnitz.de
Telefon: 0371-54 30 30 21
Internet: https://kurzlinks.de/wqhs

den Anfang von Lösungen und formen Zustände in Prozesse. Es hat seine Zeit gebraucht. Es war herausfordernd für alle. Aber wir waren im Fluss!

Lena: Wie habt ihr es geschafft, Kinder und Familien erfolgreich zu beteiligen?

Manja: Unsere Kinder und ihre Eltern beteiligten sich von Anfang an an der Erarbeitung der Kindergartenverfassung. Wir haben die Voraussetzungen dafür geschaffen, dass sich Eltern eine Vertretung wählen konnten, die sie in den Verfassungsgebenden Versammlungen vertritt. Darüber konnten sie Einfluss nehmen, welche Rechte von Kindern und Familien in der Verfassung verankert werden. Auch Kinder wurden von einer „Anwältin" in den Versammlungen vertreten. Einer Pädagogin, die nicht Teil unseres Teams war und zuvor in einem dreiwöchigen Projekt unsere Kinder intensiv begleitet hat. In dieser Zeit haben wir mit ihnen verschiedene Methoden der Beteiligung erprobt.

Lena: Wie habt ihr die Kinder an der Entwicklung der Verfassung beteiligt?

Manja: Wir haben uns im Team zunächst mit gewaltfreier Kommunikation und mit Mehrheitsentscheidungen beschäftigt, aber auch mit der Frage, wie wir mit Minderheiten umgehen wollen. Mit den Kindern haben wir dann verschiedene Methoden der Beteiligung – Mehrheitsentscheidungen und Konfliktlösungen – ausprobiert und geschaut, welche die Kinder am besten annehmen und verstehen. Der

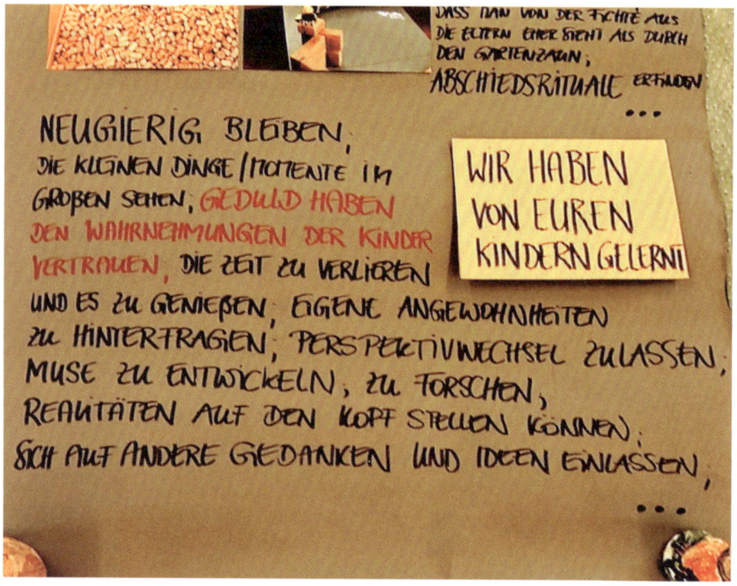

Einstieg mit den Kindern war herausfordernd, weil Begriffe wie „Verfassung“ oder „Beteiligung“ für sie zunächst kaum greifbar sind. Deshalb haben wir gemeinsam mit den Kindern viel philosophiert: „Kann man immer tun, was man will?“ oder „Was wäre, wenn alle immer tun würden, was sie wollen?“ Diese Gespräche halfen den Kindern, ein Gefühl dafür zu entwickeln, was es bedeutet, Teil einer Gemeinschaft zu sein und Verantwortung zu übernehmen.

Lena: Wie stellt ihr sicher, dass die Kinder ihre Rechte und die Verfassung verstehen?

Manja: Wir haben inzwischen eine kinderfreundliche Version unserer Verfassung mit Illustrationen und Symbolen und einen Film, indem Kinderräte den Kindern ihre Rechte erklären und nahebringen.

Auch der Kinderrat ist ein zentrales Element, das den Kindern ermöglicht zu verstehen, wie sie sich im Kindergartenalltag einbringen und Einfluss nehmen können. Das Wichtigste ist aber, dass Kinder in ihrem Alltag erleben, dass ihre Rechte ernstgenommen und miteinander gelebt werden und für alle gleichermaßen gelten.

Lena: Stimmt, wie macht ihr das?

Manja: Der Kita-Alltag muss so gestaltet sein, dass Kinder die Möglichkeit haben, Gemeinschaft zu erleben und zu verstehen, wie sie funktioniert. Die eigenen Bedürfnisse zu kennen und zu verstehen ist Voraussetzung dafür, Verantwortung für eine Gemeinschaft zu übernehmen. Zudem müssen wir Pädagoginnen die Selbstständigkeit von Kindern im Kindergartenalltag fördern. Sie dürfen nicht allein von unseren Erklärungen und unserer Zeit für jeden Einzelnen abhängig sein. Für Kinder „lesbare“ Strukturen helfen dabei. Ein Wochenplan mit Symbolen, die Kinder kennen oder ein Speiseplan oder Dienstplan mit Fotos zum Beispiel. Mit Beteiligung geht auch einher, dass wir Erwachsenen bereit sind, unsere Entscheidungen immer wieder zu hinterfragen und anzupassen, um den Kindern die nötige Freiheit und Orientierung zu geben.

MONTAG
DIENSTAG
MITTWOCH
DONNERS TAG
FREITAG
wochen plan

SCHLAF=
GRUPPE
wir ruhen hier
bis 14.30 UHR

RUHE=
GRUPPE 2
wir ruhen hier
bis 13.00 UHR

Malort

APFEL-HOLUNDER-TEE

NATURFRÜCHTE-TEE

Kinderrechte verankert in der Verfassung der „PampelMuse“

Beschwerderecht

Mitbestimmungsrecht

Selbstbestimmungsrecht

BESTE BILDUNG FÜR ALLE
100 SPRACHEN
ANALOG UND DIGITAL

Das Wunder

Das Bildungsentwicklungskonzept aus den „schönsten Kitas der Welt" (Newsweek).
Die hundert Sprachen als außergewöhnliche Potenziale der Kinder und aller Menschen, die sich auf den Wegen des Lernens und der Beziehungen verwandeln und vervielfältigen.

Das Wunder des Lernens – Die hundert Sprachen der Kinder ∫ Reggio Children ∫ 224 Seiten, mit vielen Fotos und Zeichnungen ∫ ISBN 978-3-945810-29-3 ∫ 34,90 Euro

Grenzen überschreiten

Kinder in Krippe und Kita nutzen digitale Medien bestärkend und schöpferisch im Dialog mit der Fülle und Pracht der Natur und des Lebens. 15 Projektgeschichten, theoretisch reflektiert, aus der besten Praxis von Krippen und Kitas.

Grenzen überschreiten. Lebewesen treffen – Digitale Landschaften erfinden ∫ Reggio Children ∫ Deutschsprachige Übersetzung ∫ 128 Seiten, mit vielen Fotos und Zeichnungen ∫ ISBN 978-3-96791-002-5 ∫ 29,90 Euro

Mosaik

Das Buch zeigt Instrumente und Materialien, mit denen Kinder in der frühen Kindheit kognitiven und expressiven Reichtum erzeugen können. Es hilft uns, die poetische Verflechtung zwischen Materialien, Wörtern, Zeichnungen und Symbolen besser zu verstehen und ideenreich anzuregen.

Mosaik – aus Zeichen, Worten, Material ∫ Reggio Children ∫ 152 Seiten, mit vielen Abbildungen und Fotos ∫ ISBN 978-3-945810-82-8 ∫ 24,90 Euro

www.wamiki.de/shop

DILEMMATA

DEUTSCHPFLICHT ODER SPRACHENVIELFALT?

Text: Michael Fink

Auf diesen Seiten geht es um eine Situation, die man aus verschiedenen Perspektiven betrachten kann. Was ist Deine Perspektive? Und was sagt Dein Team?

„HERZLICH WILLKOMMEN BEI DEN RECHTSEXTREMISTEN", KNURRT KNUT.

Also, es fällt mir schwer, jetzt sachlich zu bleiben, Annika. So ein Schild kommt ja kurz vor „Hier sind Nichtdeutsche unerwünscht!" Was meinst du, wie Eltern mit Migrationshintergrund das auffassen? Als Willkommensgeste? Und die Kinder dürften mitbekommen: Wer deutsch spricht, macht es richtig, wer nicht deutsch spricht, macht was Böses und verstößt gegen die Kita-Regeln. Ich will mir gar nicht vorstellen, wie schnell das erste biodeutsche Kind petzen geht...

„DIE MEINEN ES DOCH NUR GUT", BESCHWICHTIGT RUTH.

Reg dich nicht so auf, Knut. Du kannst ja mal die Eltern der Kinder mit M-Hintergrund fragen, wie die das sehen. Die Mama von Marija hat mich neulich gebeten, darauf zu achten, dass ihre Tochter nicht immer nur mit dem Oleksandr spielt, weil sie dann nicht ‚ordentlich Deutsch' lernt. Soll ich ihr jetzt sagen, ich mache das nicht, weil sie sich mit dieser Bitte selbst diskriminiert? Macht doch keinen Sinn! Die Eltern wollen, dass ihre Kinder gut deutsch sprechen, dazugehören und später in der Schule mithalten können.

Wie seht Ihr die Sache?

„Ich hab da was im Netz gefunden…", sagt Annika. „In einem Kindergarten in Tirol wurde ein Schild im Eingangsbereich aufgehängt, darauf stand: ‚Liebe Eltern, ab hier wird deutsch gesprochen.' Die sind wohl so multikulturell wie wir, wollen aber, dass die Kinder einander verstehen und die Eltern die Erzieherinnen auch.

Das mit dem Schild ist natürlich krass.
Aber wäre so eine Regel nicht auch was für uns? Als nette Selbstverpflichtung?"

„ZWEISPRACHIGKEIT BIETET POTENZIALE", WENDET PAT EIN.

Das klingt so, als sei Zweisprachigkeit was Schlechtes. Dabei ist genau das Gegenteil der Fall! Studien belegen: Wer zwei Sprachen spricht, kann sich nicht nur in zwei Kulturen bewegen, sondern erwirbt auch Verständnis für den Aufbau von Sprache. Lässt man in der Kita, in der die Kids die meiste Zeit am Tag verbringen, nur eine Sprache zu, verkümmert vorhandene Zweisprachigkeit, und man verschenkt Potenziale.

Deswegen wäre es auch sinnvoll, wenn welche von uns die wichtigsten Herkunftssprachen der Kinder sprechen könnten. Schließlich können die Kinder komplexe Gedanken oft nur in ihrer Muttersprache ausdrücken, während sie im Deutschen an ihre Grenzen stoßen. Denen geht es dann in der Kita wie uns im Ausland, wo wir uns wie die letzten Deppen vorkommen, weil wir nur „Schön hier" oder „Gut geschmeckt" stammeln können, wenn uns jemand fragt.

„EINE GEMEINSAME SPRACHE IST WICHTIG", ARGUMENTIERT LASSE.

Ey, Leute! Findet ihr etwa, ich spreche schlecht deutsch? Liegt daran, dass in meinem Kindergarten kein solches Schild hing, weil es nicht nötig war. Bei mir war es nämlich genau so wie bei vielen Kindern mit Migrationshintergrund: Außer mir sprach kein einziges Kind Norwegisch! Deshalb hatte ich in der ersten Zeit zwar einen schweren Stand und kapierte kaum was, aber dann hat es Klick gemacht, und seitdem spreche ich perfekt deutsch. Norwegisch natürlich auch, denn bei uns zu Hause hing ein unsichtbares Schild: Kjære familie, herfra skal det snakkes norsk!

Was ich sagen will: Kinder aus allen Kulturen haben das Recht, gleichberechtigt mitreden zu können. Dafür ist eine gemeinsame Sprache die wichtigste Voraussetzung. Wir tun den Familien keinen Gefallen, wenn wir ihnen nicht helfen, unsere Sprache zu lernen.

SUPERVISORIN

HEULEN MIT DEN WÖLFEN

Warum sind wir, wie wir sind?
Und warum stoßen wir damit nicht nur auf Gegenliebe?

Erinnerungen an missliche Situationen, Erkenntnisse über Verhaltensweisen, Erfahrungen mit Lösungsmöglichkeiten und Umsetzungstipps – Aline Kramer-Pleßke, Supervisorin und Coach, möchte dazu beitragen, dass wir unsere Potenziale entdecken, unsere Ressourcen stärken, emotionale Entlastung finden und souveräner handeln können.

ERINNERUNGEN

Mit 13 Jahren gehörte ich im Sommer zu einer Mädchenclique. Die Mädels waren cool, hatten lange Haare, Westklamotten, Sonnenbrillen und schon etwas Brust. Ich hatte einen Igelschnitt und sah aus wie ein Junge. Jedenfalls war ich keine Konkurrenz. Vor der Schule standen wir mit den Zehntklässlern an der „Stange", einer Absperrung zur Straße hin, und rauchten. Eines Tages gingen wir alle zusammen ins Freibad, lagen mit den großen Jungs auf der Terrasse und tranken „Grüne Wiese". Irgendjemand kam auf die Idee, vom Sprungturm zu springen. Die 7,5 Meter-Plattform war gerade geöffnet worden. Mit schlotternden Knien folgte ich den anderen nach oben und sprang ihnen mit geschlossenen Augen hinterher. Boah, was für ein Aufprall! Was für ein Schmerz! Schon beim Auftauchen war mir mein Fehler klar. Ich war nur eine Mitläuferin. Niemand interessierte sich für meinen Sprung, geschweige denn für mich. Allein kletterte ich aus dem Becken und schämte mich.

Der Schutz einer Gruppe und ein Zugehörigkeitsgefühl sind überlebenswichtig für uns, das hat sich evolutionär ergeben. Wir identifizieren uns mit anderen Menschen – ob das unsere Familie, die Schulklasse oder die Dorfgemeinschaft ist, ob ich Ossi, Berlinerin oder Kulturliebhaberin bin. Mal ordnen wir uns freiwillig Gruppen zu, mal werden wir aufgrund verschiedenster Merkmale in Gruppen gedrängt, ob wir wollen oder nicht. Es gibt unausgesprochene Erwartungen und Regeln. Wir lernen flink, welche sozialen Verhaltensweisen in der jeweiligen Gruppe erwünscht und welche inakzeptabel sind.

ERFAHRUNGEN

Supervision bietet die Möglichkeit, mit einem neutralen Menschen, der Supervisorin, auf alle möglichen Themen im beruflichen Kontext zu schauen und sie zu reflektieren.

Vor einiger Zeit fragte ich in einer Sitzung mit einem kleinen Kita-Team: „Über welche Themen wollen Sie heute nachdenken?"
Antwort der Leiterin: „Alles okay, es gibt keine Themen."
Ich: „Das klingt gut. Aber wie schaffen Sie es, dass alles okay ist? Was könnten Sie anderen Teams empfehlen?"
Antwort der Leiterin: „Ach, darüber müssen wir nicht reden."
Ich: „Worüber dann?"
Antwort der Leiterin: „Haben Sie keine Idee?"
Ich: „Nein, es ist Ihre Zeit!" An die anderen Teammitglieder richtete ich die Frage: „Wie ist das eigentlich bei Ihnen? Worüber möchten Sie reden?"
Schweigen…

Die wertvolle Zeit plätscherte dahin, aber der „dicke Elefant" im Raum war deutlich spürbar. Darauf angesprochen, zuckten die Teammitglieder nur mit den Schultern. Die Gruppennormen waren einfach zu stark. Es durfte nichts „Negatives" geben, alle hatten Angst davor. Vor allem die Leiterin übte mit ihrem Wunsch nach Harmonie und Einklang informellen Druck aus. „Wir sind eine coole Kita, bei uns gibt es keine Probleme."

Eine Zeitlang mag das so gewesen sein, doch auch in dieser Kita gab es Personalwechsel, neue Kinder, andere

Foto: suschaa / Photocase

Eltern, veränderte Ansprüche, Erwartungen und Rahmenbedingungen. Mein Eindruck: All das wirkte wie eine Bedrohung und durfte nicht ausgesprochen, sondern musste verdrängt werden.

Wenn es eine Kultur der Ablehnung gegen Personen gibt, die sich kritisch äußern oder einmischen, entsteht schnell ein Schweigen. Die Gründe können vielschichtig sein: Angst, ausgegrenzt zu werden, also fehlendes Selbstvertrauen oder wenig Selbstbewusstsein, die Sorge um die Karriere oder einfach Desinteresse. Svenja Hofert, Coach für transformative Führung und Bestsellerautorin, bezeichnet dieses Phänomen als „Schweigen der Lämmer“ und schreibt: „Oft ist es weniger die Ahnungslosigkeit der Beteiligten als vielmehr die Tatsache, dass sich eine Gruppe wider besseren Wissens Einzelner auf eine gemeinsame Dummheit einigt.“

Wir alle orientieren uns an Gruppen, teilen das Grundbedürfnis nach Zugehörigkeit: Welche Vorstellungen gibt es in meiner Familie, im Freundeskreis, in meinem Arbeitskontext, meinem Ort, der Kirche, der Partei? Wir passen uns an und denken ähnlich oder gleich, sind also an der Bildung eines Gruppendenkens beteiligt. Durch die Anpassung an Gruppennormen sichern wir unsere Gruppenidentität. Hinzu kommt: Gruppenzuweisungen wie „Italiener essen Nudeln“ oder „Veganer sind schwierig“ finden leicht Zustimmung, Denken in Stereotypen macht es vermeintlich Außenstehenden vermeintlich leichter. „Vorurteile sind gelebte Erfahrungen. Von anderen. Die muss ich nicht selbst machen“, sagte der österreichische Kabarettist und Schauspieler Josef Hader einmal. Stimmt man solchen Vorurteilen oder Meinungen wenigstens nonverbal zu, gehört man dazu, muss sich nicht auseinandersetzen, zeigt keinen Widerstand, keine Schwäche und heult mit den Wölfen.

Aline Kramer-Pleßke arbeitet als Coach und Supervisorin für Leitungskräfte, Fachberater*innen und Teams in Berlin, Brandenburg oder Online.
Kontakt: Beratungspraxis Wolfshagener Straße 73, 13187 Berlin
E-Mail: info@alinekramer.de
Internet: www.alinekramer.de und www.perspektiven-coaching-berlin.de

> **" Es sind immer die besten Absichten, die die schlimmsten Taten nach sich ziehen.**
>
> **Oscar Wilde**

Natürlich ist es wunderbar, das Gefühl der Dazugehörigkeit zu haben. Schwierig wird es aber, wenn die Gestaltungsmöglichkeiten in einer Gruppe verloren gehen, wenn die Mitglieder nicht in ihren individuellen Identitäten agieren und denken dürfen, wenn autoritär geführt wird und man sich lieber unterordnet, um seine Privilegien nicht zu verlieren.

Gruppendenken ist starr, irrational und gefährlich. Verfügt eine Gruppe – wie das Team in meinem Beispiel – nicht über funktionierende Mechanismen der Auseinandersetzung, gibt es keine Möglichkeit, Kompromisse zu finden oder flexibel zu agieren. Das begünstigt Fehlentscheidungen, und im schlimmsten Fall löst sich die Gruppe auf.

EXPERIMENTE

Welche Möglichkeiten gibt es, sich vor Gruppendenken zu schützen?

- Wählen Sie in Meetings je nach Gruppengröße mindestens eine Person aus, die die Rolle des Advocatus Diaboli – lateinisch: Anwalt des Teufels – spielt, einen vorschnellen Konsens ablehnt und Gegenargumente sammelt. Dadurch können in der Diskussion negative Glaubenssätze und Dysfunktionales aufgedeckt werden. Vor- und Nachteile werden zusammengetragen, offen dargestellt, verschiedene Perspektiven werden betrachtet, unterschiedliche Ideen entwickelt. Da diese Rolle vorgegeben ist und es erlaubt, Contra zu geben, fällt das nicht so schwer.

- Bewährt haben sich auch anonymes Feedback oder Vorschlagboxen. So können kritische Meinungen benannt werden, ohne einzelne Personen dafür verantwortlich zu machen.

- Alle an einem Thema beteiligten Personen können gleichberechtigt in einen Entscheidungsprozess eingebunden werden. Das ermöglicht, ein Thema umfänglich zu betrachten und mehrere Alternativen zu entwickeln. Eine gute Gesprächsstruktur sorgt dafür, dass es am Ende zu einer Entscheidung kommt und nicht endlos diskutiert wird.

- Gutes Zuhören und Nachfragen sollten selbstverständlich sein.

DAS HOHELIED HOLGERS

Text: Michael Fink
und Lars Ihlenfeld

Hier werden Rechtsfragen aus der Pädagogik verhandelt. Diesmal geht es um außertarifliche Extras.

Foto: Mr. Nico / Photocase

Oh, es ist nicht leicht, in Zeiten des Fachkräftemangels Bewerbungsgespräche für Erzieherjobs zu führen. „Nur noch Vollhonks auf'm Markt", stöhnt Renan.

Ronja nickt angewidert. „Zum Beispiel diese eklige Kerstin, die sich nicht mal vorm Bewerbungsgespräch duscht. Oder der durchgeknallte Querdenker, der sich weigert, mit geimpften Kindern zu arbeiten."

„Und weeste noch die Mutti, die Schaufensterdekorateurin war und der unsere Fensterbilder nich jefielen?" regt sich Renan auf. „War's das jetze, oder steht noch so'n Sonderposten auf der Bewerberrampe?"

Da dringt plötzlich gleißendes Licht durch die Tür des Kinderladens. Renan und Ronja erstarren. Ja, da draußen steht er, er blickt durch die Fenster.

Köstlich ist der Duft seiner Salben.
Sein Name Holger ist Nektar und Ambrosia.
Der Gazelle gleicht der Bewerber, dem jungen Hirsch.
Seine Locken sind Rispen, rabenschwarz.
Seine Finger sind wie Stäbe aus Sandelholz, besetzt mit Saphiren.
Seine Referenzen sind pures Gold.
Seine Grundausbildung ist ein Gerüst aus Elfenbein.
Seine Zusatzqualifikationen sind Marmorsäulen, auf Sockeln von Silber.
Seine pädagogische Grundhaltung ist voller Süße.
Alles ist Wonne an ihm.

Was ist besser: Weiter Überstunden wegen Personalmangels schieben, sich vom quengelnden Querdenker quälen lassen oder dem Edel-Erzieher Extras gönnen? In welcher Form darf man einzelnen Teammitgliedern überhaupt Benefits gewähren?

Oh gesalbter ~~Rechtsanwalt~~, Rechtsgelehrter und Kindergartenleiter Lars Ihlenfeld, kannst du diese Fragen in deiner unergründlichen Weisheit beantworten?

Sofort wissen Renan und Ronja: Das ist unser neuer Erzieher! „Den Holger nehmen wir, koste es, was es wolle", verkünden sie einstimmig im Büro der Personalchefin. Die nickt zwar empathisch, fragt aber leicht irritiert, wie viel „koste es, was es wolle" denn bedeute, zumal es ja so etwas wie Tarife gebe.

„Öh...", stammelt Renan, doch Ronja weiß Rat und schlägt vor: „Den besonderen Wünschen des Bewerbers entgegenkommen, Sonderzahlung oder ein garantierter freier Tag am Freitag."

„Die Mädels sind jedenfalls janz happy", erklärt Renan, „wenn..." Den angefangenen Satz ergänzt die Personalchefin: „... einer im Team für die gleiche Arbeit mehr Kohle kriegt und grundsätzlich freitags frei?"
Hm.

—— **Lars Ihlenfeld — Kitarechtler,** antwortet:

Ja, das Hohelied der sozialen Arbeit „Der TVöD" hat so manchen Vorteil und – wie das Tarifrecht insgesamt – auch manchen Nachteil.

Selbst wenn wir hier davon ausgehen dürfen, dass das Kinderladen-Team nicht tarifgebunden ist, da – wie der Name „Tarifvertrag für den öffentlichen Dienst" schon sagt – der TvÖD nur für Arbeitsverhältnisse im öffentlichen Dienst gilt. Freie Kita-Träger sind nicht an den Tarifvertrag gebunden, sie können seine Anwendung lediglich im Arbeitsvertrag vereinbaren. Allerdings ist davon dringend abzuraten, weil die Bedingungen eines kleinen freien Trägers mit denen in der öffentlichen Verwaltung nicht vergleichbar sind. Möchte ein Träger Elemente aus dem Tarifvertrag für seine Arbeitsverträge übernehmen, sollte er diese tariflichen Regelungen unbedingt ganz genau bezeichnen. Auf keinen Fall sollte er die Formulierung „in Anlehnung an den TVöD" verwenden, da hiermit der Tarifvertrag als Ganzes Anwendung findet.

Der Tarifvertrag weist jedoch auch jenseits seiner direkten Anwendung erhebliche Reichweite auf. Zum einen ist er quasi zum Goldstandard geworden. Um überhaupt wettbewerbsfähig zu sein, müssen freie Träger Bewerber:innen in der Regel mindestens Gehälter auf der Höhe der tariflichen Entgelte (Tabelle SuE) bieten. Zum anderen bestimmt die Höhe der tariflichen Entgelttabellen maßgeblich, mit welchen Geldern freie Träger haushalten müssen. Ein höheres Gehalt kann daher fast nur zu Lasten des Gehalts eines anderen Team-Mitglieds bezahlt werden.

Jurist **Lars Ihlenfeld** ist dreifacher Vater, Waldkindergarten-Gründer und Mitglied des Leitungsteams der Kita Sandvika in Hamburg-Altona.

Liebe Leserin, lieber Leser, gibt es Rechtsfragen, die Sie unserem Rechthaber Lars Ihlenfeld gern mal stellen möchten? Dann schreiben Sie uns. Wir leiten die Fragen weiter.

Aber auch wenn der Tarifvertrags gilt, erlaubt das Gesetz (hier: Tarifvertragsgesetz – TVG) grundsätzlich den individuellen Umgang mit dem Thema Bezahlung, solange a) die Vereinbarung günstiger für den/die Mitarbeitende:n ist und b) nicht einzelne Team-Mitglieder schlechter gestellt werden (Paragraf 4 TVG). Ob man das mit Blick auf die obigen Ausführungen wagen möchte, ist also keine rechtliche, sondern eine Führungsfrage.

Im sozialen Bereich ist „Bezahlung und Bewertung von Leistung" ein sensibles Thema, doch vielleicht könnte Holger tatsächlich als Heilsbringer wirken, wenn er das Team dazu anregt, neu über die Wertschätzung der eigenen Arbeit und über das nachzudenken, was unter den aktuellen Rahmenbedingungen möglich ist und tatsächlich ermöglicht werden könnte: vielleicht eine 4-Tage-Woche für alle, ein fixer freier Tag pro Monat als Ausgleich für Überstunden, ab und an früher Feierabend machen oder...

Bei der Gelegenheit kann man sich immer wieder der (nicht-monetären) Vorteile der Arbeit in der Kita bewusst werden: Zwar ist sie herausfordernd und anstrengend (wie viele andere Berufe auch), aber sie findet in der Regel unter weniger Druck statt, da sie jenseits umsatzorientierter Zwänge ausgeübt wird, und sie bietet ein hohes Maß an Gelegenheiten für menschliche Begegnungen, an Lebendigkeit, Abwechslung, Sinn und Kreativität, das sich nur in wenig anderen Berufsfeldern finden lässt.

Ärger mit Sie wissen schon – Rechtsfragen aus der Pädagogik ∫ Lars Ihlenfeld, Michael Fink ∫ 128 Seiten, mit Fotos ∫ ISBN 978-3-96791-006-3 ∫ 17,90 Euro, zzgl. Versand

wamiki.de/shop

THIS LAND IS MY LAND

**Deutschland haben sich die meisten Kinder nicht ausgesucht, sondern wurden hineingeboren oder von den Eltern hierher gebracht.
Wie sähe eigentlich ein Land aus, das du und du und er und sie sich erschaffen würden? Denkt euch zusammen Länder aus, verteilt Flächen im Raum und spielt zusammen Kontinent.**

LÄNDER ABGRENZEN

Erster Schritt beim Länder-Erschaffen: ein Gebiet festlegen. Aber: Muss man sich eigentlich um maximal große Flächen streiten oder ist ein kleines Land eh besser? Müssen die Länder aneinanderstoßen oder ist Platz dazwischen besser? Und soll die Grenze – ist gerade bei den Großen Trend – gut bewacht und undurchdringlich sein? Oder lebt man mit offenen Grenzen viel besser?

SPRACHEN ERFINDEN

Brauchen die Länder eigene Sprachen oder alle die gleiche? Ist es gut, wenn die Bewohner:innen des Nachbarstaates uns nicht verstehen? Oder soll jeder reden, wie er mag? Es macht Spaß, sich eine blumige, schräge, lustige Sprache auszudenken, die sich total fremd anhört, aber man versteht sie trotzdem.

SICH AUF EIN REGIERUNGS-SYSTEM EINIGEN

Braucht es in eurem Land jemanden, der das Sagen hat? Gibt es gute Ideen, um sich bei Entscheidungen zu einigen, ohne dass einer das Gefühl hat, seine Wünsche werden nicht berücksichtigt? Muss regelmäßig ein Landesparlament tagen, das vielleicht sogar aus allen Einwohner:innen besteht? Denkt euch eine möglichst gerechte Regelung aus, bei der sich jeder und jede als Bestimmer:in erlebt.

SEHENSWÜRDIGKEITEN ERSCHAFFEN

Jedes Land will und soll schön sein. Welche besonderen Orte braucht euer Land? Wie kann man sie aufbauen? Und wo sollen sie sein? Müssen es Sehenswürdigkeiten zum Bestaunen sein oder besser Orte, an denen man sich besonders gut fühlt?

EINE LANDESFLAGGE ENTWERFEN

Jedes Land braucht eine Landesflagge. Was soll auf eurer Flagge zu sehen sein? Was ist typisch für das Land? Soll es Symbole geben? Und wie einigt man sich unter vielen Mitbürger:innen auf eine Lieblingsfarbe?

ETWAS LANDESTYPISCHES HERSTELLEN

Viele Länder haben typische Speisen, Riten, Traditionen… Braucht euer Land auch solche gut erkennbaren Besonderheiten? Gibt es irgendwelche Dinge, an denen man erkennt, wer in eurem Land wohnt?

MIT NACHBARLÄNDERN KONFLIKTE KLÄREN

Immer wieder gibt es Streit zwischen echten Staaten. Hat auch euer Land Konflikte mit Nachbarländern? Worum geht es: Um Fläche, um Besitz oder um Erfindungen, die ihr auch gebrauchen könntet? Was kann man tun, um Konflikte mit den anderen Ländern zu klären? Muss man Stress machen, vielleicht sogar Krieg führen? Oder gibt es im Land jemanden, der besonders gut verhandeln kann? Gibt es Tricks, um Konflikte mit anderen Ländern zu klären?

GEMEINSAM SPASS HABEN

Gut, dass manche Länder Freundschaftsverträge miteinander abschließen. Hat jemand eine Idee, wie euer Land mit den anderen Ländern Spaß haben könnte? Wie man sich vielleicht miteinander messen kann, ohne sich dabei zu streiten? Hat jemand eine Idee, wie man gegenseitige Besuche organisiert? Denkt euch Vorschläge für sportliche und lustige Tourniere, für gemeinsame Spiele, für große Festessen, für Staatsbesuche und internationale Begegnungen aus.

Text: Michael Fink
Foto: chuttersnap/unsplash

WAS MIT STÖCKEN

Text und Fotos:
Dagmar Arzenbacher

Stöcke

sind gut zu gebrauchen.

Warum?
Weil man damit werfen, kämpfen, malen, zeigen, Feuer machen, Flöße bauen oder etwas messen kann.

Was ist ein Stock?
Ein Stock ist ein langer, nicht zu dünner, handlicher Stab aus dem Zweig eines Baumes.

Woraus bestehen Stöcke eigentlich?
Aus Holz. Aber es gibt auch Stöcke aus Metall, Plastik, Bambus und Rohr.

Was gibt es für Stöcke?
Es gibt Krückstöcke, Angelstöcke, Zeigestöcke, Skistöcke, Wanderstöcke, Bienenstöcke, Rosenstöcke, Eierstöcke, Billardstöcke, Schraubstöcke und Stockwerke.

Seit wann gibt es eigentlich Stöcke?
Stöcke gibt es, seitdem es Bäume gibt, also länger als Menschengedenken.

Stockdumm, stocktaub, stockdunkel, verstockt, stocksauer – was bedeutet das?
Ins Stocken geraten, mir stockt der Atem, steif wie ein Stock – denk dir Geschichten dazu aus.

Was Du Dir mit Stöcken ausgedacht und fotografiert hast, schickst Du an:

juhu@wamiki.de

PLASTIKFLASCHEN-DECKELABMACHVERBOTS-WIDERSTANDSAUFRUF

Teuer muss nicht sein, aber kreativ! Michael Fink inspiziert Ausgesondertes, um nach Dingen zu suchen, die kaum etwas kosten.

Plastikflaschen-deckel

Bezugsquelle:
Plastikflasche

Typisch deutsch, dass sie jetzt den abmachbaren Plastikflaschendeckel verboten haben. Sogar EU-weit! Typisch, dass wir die ganze Welt immer mit unserer Plastikdeckelbesserwisserei belehren wollen. Typisch deutsch, dass wir alles regulieren wollen, noch dazu mit einem so typisch deutschen Wort wie EU-Einwegkunststoffrichtlinie oder salopp Einwegkunststoffverbotsverordnung. Noch typischer deutsch ist, es einfach so hinzunehmen, dass sie uns diesen Deckel wegnehmen. Statt wie die Franzosen auf die Barrikaden – aus aufgestapelten Plastikflaschendeckeln? – zu gehen oder wie die Italiener einfach weiter abmachbare Plastikdeckel zu verkaufen, am besten in gehorteten Einwegplastiktüten.

Typisch deutsch, dass wir ja eigentlich nie an der von der EU damit bekämpften Plastikvermüllung der Welt beteiligt waren, weil wir die Deckel eh immer gesammelt haben, nach Plastiksorte und Farbe sortiert. Oder wir haben sie für Länder gespendet, die gar keine Deckel haben. Was übrig war, haben wir in unsere typisch gut sortierten Plastikmüllcontainer geworfen, immer samstags nach der Autowäsche: Gelber PET-Plastikflaschendeckel hier, roter PS-Deckel dort. Oder, noch typischer deutsch, wir haben sie gesammelt und in die Kita gebracht, wo sie die reggio-zertifizierte Atelierista – wie typisch deutsch wäre das mit dem Zertifikat denn, wenn es nicht zufällig italienisch wäre – in so ein typisch deutsch wohlgeordnetes Atelierregal eingeordnet hat.
Ähem, vielleicht auch ein bisschen typisch deutsch, dass wir die Deckel dann da liegengelassen und vergessen haben. Weil uns vor lauter Sortiererei die Ideen fehlten, was damit zu machen sei…

Gut, dass ich für diese typisch deutsche, weil geizige 1-Euro-Rubrik gründlich – typisch deutsch! – nachgedacht habe, wie man diese Dinger verwenden könnte. Dabei sind – typisch deutsch? – doch ein paar kreative Ideen herausgekommen. Mach sie nach, es gibt – untypisch deutsch – kein Patent darauf.

Hier hat noch jemand, typisch deutsch, eine kritische Nachfrage.
Woher man denn die Deckel bekomme, wo die doch jetzt an der Flasche dran seien und das Entfernen also verboten sei?
Wie typisch deutsch ist das denn?
Abmachen, abschnibbeln, abrupfen!
Andere machen es doch auch!

Text und Fotos:
Michael Fink

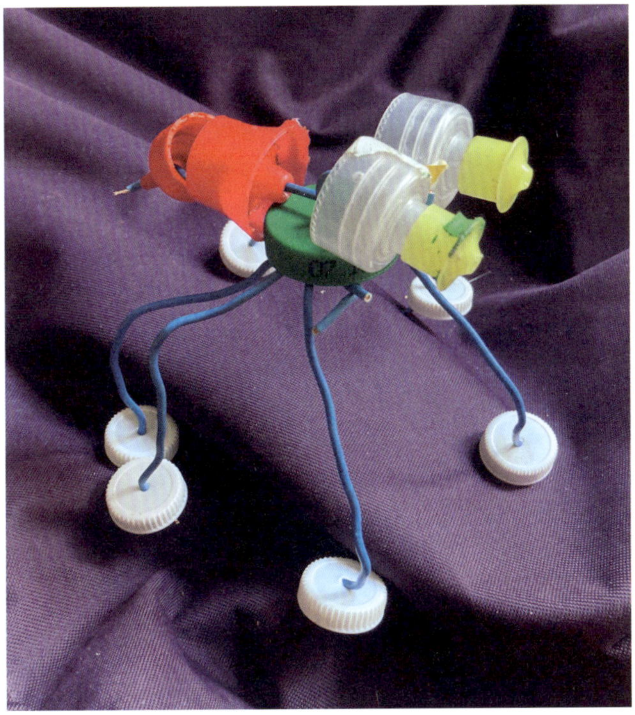

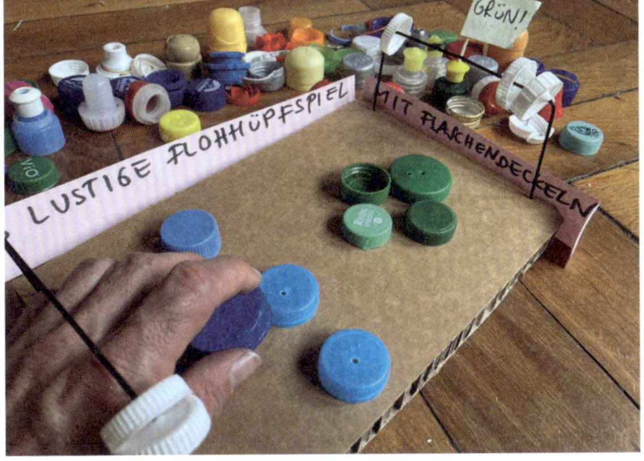

MAGISCHE BÜCHER FÜR KINDER

Ausgewählt von Gabriela Wenke

Das Nachtkind

Bilderbuch

An einem sonnigen Tag in einem wilden Garten voller Gräser, Farne und Bäume begegnet ein Kind einer schwarzen Katze. „Besuch mich nachts," lädt diese das Kind ein, „ich fühle mich so allein." Das Kind zögert, lächelt und sagt: „Ja, gern."

Von da an schlüpft es Nacht für Nacht durch die Katzenklappe ins Haus der Katze. Gemeinsam reden sie über Einsamkeit und schlafen dabei ein. Draußen taucht das silbrige Mondlicht den Garten in Magie, während Eule, Fledermäuse und Glühwürmchen leise über ihren Schlaf wachen. Mit den ersten Sonnenstrahlen schleicht das Kind glücklich nach Hause zurück.

Doch eines Morgens verschlafen Katze und Kind! Sie werden entdeckt. Eine Frau steht plötzlich da und fragt: „Wo kommst du her?" Das Kind erschrickt und rennt fort. Am Abend ist die Klappe verschlossen, die Katze bleibt verschwunden.

Die Nächte vergehen. Als der Mond wieder wächst und heller strahlt, wagt sich das Kind zur Klappe zurück. Statt hineinzukriechen, flüstert es: „Komm zu mir. Ich fühle mich allein." In der nächsten Nacht erscheint die Katze, und gemeinsam finden sie ein neues Zuhause in ihrer Freundschaft.

Armin Kaster erzählt von Mut und der Kraft einer besonderen Freundschaft, während Sabine Rufener mit zauberhaften Bildern die Magie der Nacht einfängt. Mondlicht, Gartenduft und Morgenkühle werden lebendig – eine Geschichte zum Träumen und Staunen für Kinder ab 4 Jahren. Ein magisches Bilderbuch voller Wärme, Licht und Geborgenheit.

wamiki-Tipp:
Armin Kaster, Sabine Rufener
Das Nachtkind
Jungbrunnen 2024
32 Seiten, 17 €

Nicht mit den Wölfen heulen

Bilderbuch

Bellwidder Rückwelzer ist ein Schaf. Er frisst für sein Leben gern Brombeeren. Doch im Wald, wo die saftigsten Beeren wachsen, heulen hungrige Wölfe. Kurzerhand schneidert sich Bellwidder einen Wolfsanzug. Die Täuschung funktioniert, und Bellwidder wird zum nächtlichen Wolfstanz eingeladen.

Bis dahin aber schlägt er sich den Bauch mit Beeren voll und schläft vor Erschöpfung ein. Als er aufwacht, ist sein Kostüm zerfetzt – Motten haben die Nähte zerstört. Die Wahrheit kommt ans Licht: Bellwidder ist ein Schaf. Als Bellwidder schon mit seinem Leben abgeschlossen hat, erlebt er eine Überraschung: Keiner der anderen Wölfe ist, was er zu sein vorgibt. Die „Wölfe" entpuppen sich erleichtert als Huhn, Ziege und Rehbock in Verkleidung! Gemeinsam kehren sie in Bellwidders Haus zurück, wo sie den Abend mit Tee und Futter ausklingen lassen.

Sid Sharp setzt sich mit diesem Debüt selbstbewusst über Genregrenzen von Bilderbuch und Graphic Novel hinweg. Die Geschichte von Bellwidder Rückwelzer stellt das Sprichwort vom Wolf im Schafspelz auf den Kopf. Erst wenn wir unsere Masken fallen lassen und uns verletzlich zeigen, werden echte Begegnungen möglich. Sid Sharps „Der Wolfspelz" erzählt auf 136 Seiten in sechs Kapiteln eine Geschichte über Mut, Freundschaft und die Freiheit, man selbst zu sein. Die eindrucksvollen Illustrationen in kräftigen Farben auf tiefschwarzem Hintergrund spiegeln gleichermaßen die Bedrohlichkeit der Nacht und die Freude am Leben wider. Das Buch eignet sich hervorragend zum Vorlesen – ob in einzelnen Kapiteln oder am Stück. Auch kleinere Kinder werden die farbstarken Bilder lieben. Ein echtes Bilderbuch-Highlight! Ab 5 Jahren.

wamiki-Tipp:
Sid Sharp
Der Wolfspelz
NordSüd Verlag 2023
136 Seiten, 22 €

Lichtblicke in der Dunkelheit

Bilderbuch

Ein tiefschwarzes Buch mit einem schmalen roten Rücken und ebenso rotem Titel: „So dunkel!" Auf dem Cover steht ein graublaues Kind, erschrocken, verschreckt, mit einer roten Mütze. Sofort wird klar: Das ist von Øyvind Torseter. Seine lakonisch-einfachen Bilderbücher sind unverwechselbar und immer besonders.

Die Geschichte beginnt mit einem Moment der Dunkelheit: Ein Junge steckt allein im unbeleuchteten Aufzug eines Wohnhauses fest. Verbotenerweise wollte er schneller nach Hause kommen, ohne auf Mama zu warten – und jetzt hängt der Fahrstuhl im Schacht. In den Wohnungen um ihn herum essen die Menschen zu Abend, Kinder schlafen bereits. Doch niemand hört sein Rufen: „Ich will raus!"

Allein im Dunkeln wächst seine Angst. Er denkt an Mama, die bestimmt schon nach ihm sucht, und an die Warnung, den roten Knopf im Fahrstuhl nicht zu drücken. Doch dann erinnert er sich an Papa. An dessen Worte: „Wenn du Angst hast, bleib ruhig und geh die Gefahr vorsichtig an." Die Erinnerung an Papas Hand, die ihm Sicherheit gab, hilft ihm. Mit neuer Ruhe wagt er es – er drückt den Knopf.

Eine Mechanikerin setzt den Aufzug in Gang, und als sich die Türen öffnen, wartet Mama mit einem Lächeln. Papa war sein Schutzengel – seine Ermutigungen und das Vertrauen, das er ihm immer schenkte, haben den Jungen durch die Dunkelheit getragen.

Constance Ørbeck-Nilssen und Øyvind Torseter erzählen eine berührende Geschichte über die Überwindung von Angst. Papas Botschaft – „Du bist stark, ich vertraue dir" – ist eine Erinnerung, die Kinder immer wieder hören sollten. Die großartig reduzierten Illustrationen und der einfühlsame Text machen dieses Buch zu einem außergewöhnlichen Werk, das Kindern Trost und Zuversicht schenkt. Ab 4 Jahren.

wamiki-Tipp:
Ørbeck-Nilssen, Constance; Torseter, Øyvind
So dunkel!
Gerstenberg Verlag 2023
48 Seiten, 16 €

Ein tierisches Lexikon mit Humor

Sachbuch

Dieses Sachbuch ist ein Genuss für alle, die Ironie und Witz lieben. Nach dem deutschen Tiernamen steht immer der wissenschaftliche Name, durchgestrichen, aber lesbar – wie „Mephitis mephitis“ für den Streifenskunk. Darunter prangt handgeschrieben: „Popo stinkus infernalis“. Ein Gag, der Biologielehrer zur Verzweiflung treiben könnte, genauso wie die schlichten Illustrationen in kräftigen Farbflächen und der lockere Ton.

Ich dagegen finde dieses Buch großartig – und meine Probeleser auch. Ja, Geschmackssache, und manchmal geht die Fantasie des Autors durch, besonders bei Regenwürmern.

Ein Aha-Erlebnis brachte mir die „Schnake“. Was ich am Rhein als Stechmücke kannte, ist in Süddeutschland eine harmlose Rheinschnake. Ohne dieses Buch hätte ich nie nachgeschlagen! Genau das macht den Reiz aus: Es regt zum eigenen Nachforschen an.

Wer Sachbücher ohne Humor bevorzugt, sollte dieses meiden. Doch für Kinder, die mit witzigen Details viel lieber lernen, ist es ein Volltreffer. Ab 10 Jahren.

wamiki-Tipp:
Philip Bunting
Das Lexikon einzigartiger Tiere
Carlsen 2023
82 Seiten, 16 €

Farbe ins Spiel bringen

Bilderbuch

Nach ihrem Umzug in die graue Stadt sticht Robin in ihrer gelben Jacke sofort hervor. Doch hier sind Farben, Musik und Lebensfreude verboten. In der Schule trifft sie Alani, der sich ebenfalls dem Grau widersetzt und zu einer kleinen Künstlergruppe gehört, die das Bunte bewahrt.

Ein Regenbogen führt Robin zu einer versteckten Bibliothek mit bunten Büchern. Dort erfährt sie von Lichtbrechung und Farbmischungen: Während reines Licht Farben hervorbringt, entsteht Grau durch Vermischen. Gemeinsam mit Alani entdeckt sie, dass in der Stadt Lastwagen reine Farben zu einer „Graufabrik“ liefern, wo sie vermischt werden. Robin schleicht sich in die Fabrik und manipuliert die Maschinen – plötzlich kehren die Farben in die Stadt zurück.

Ihre Sabotage bringt das Leben zurück. Robin und Alani sind sicher, dass die Menschen ihre Farben nicht noch einmal verlieren werden.

„Die graue Stadt“ erinnert an Michael Endes „Momo“, hat jedoch eine eigene Dynamik. Die fast fotorealistischen Illustrationen, inspiriert von Feininger, tragen die Geschichte, während der Text durch Kürzungen beim Vorlesen an Magie gewinnt. Eine faszinierende Entdeckung für Kinder ab 8 Jahren – und ein Startschuss für kreatives Selbermalen!

Vorlesen für Kinder ab 5 Jahren.

wamiki-Tipp:
Torben Kuhlmann
Die graue Stadt
NordSüd 2023
64 Seiten, 20 €

Immer unterwegs

Sachbuch

Tierwanderungen faszinieren Kinder seit jeher, und dieses Buch bringt spannende, aktuelle Erkenntnisse über die größten Reisen der Tierwelt näher – zu Wasser, zu Land und in der Luft. Dank moderner Forschung wissen wir heute weit mehr über wandernde Schlangen, Tiefsee-Fische oder Polarfüchse, als es die Generationen zuvor wissen konnten. Viele dieser neuen Informationen offenbaren auch, wie sich Umweltveränderungen auf das Verhalten der Tiere auswirken.

Ein Highlight: Mit der App „Animal Tracker" können Kinder Tierwanderungen in Echtzeit verfolgen und sogar eigene Beobachtungen mit Forschenden teilen.

Die Tierreisen sind ein riesiges Forschungsgebiet. Die Informationen schon in diesem Buch für Kinder ab 5 Jahren stecken voller Hinweise auf neue Entdeckungen, die für uns Großeltern und Eltern noch wie Science Fiction anmuteten – was wussten wir denn als Kinder vom „Café der weißen Haie" und dem täglichen Tauchtrip der Laternenfische?

Kinder, die mit diesem Buch in die geheime und aufregende Welt der Tierwanderungen eintauchen, starten mit fundiertem Wissen und lernen, komplexe Zusammenhänge zwischen Tierverhalten, Umweltbedingungen und den Folgen für unser Ökosystem zu verstehen.

Ein fesselndes Sachbuch, das Neugier weckt und Wissen vertieft – wichtig, sinnvoll, hochinteressant!

---

wamiki-Tipp:
Peterson, Anke; Rammensee, Lisa
Wilde Wanderer
Carlsen 2023
56 Seiten, 16 €

Termine

DIDACTA 2025

11.–15. Februar 2025

Die Bildungsmesse in Stuttgart
Info: messe-stuttgart.de/didacta/

GEWALTFREIE KINDHEIT
30. April 2025

Fachtag in Berlin, AKD-Tagungshaus,
Goethestraße 27, 10625 Berlin
Info: bilderkraft-fortbildung.de/veranstaltungen/

WAMIKI-AUSSTELLUNGEN AUF TOUR —

Spielplätze und interaktive
Lernwerkstätten für alle:

SPIELPLATZ SPRACHE

14. 9. 2024 – 2. 2. 2025
Rüsselsheim, Stadt- und Industriemuseum,
Hauptmann-Scheuermann-Weg 4,
Info: Cornelia Röhlke,
E-Mail: cornelia.roehlke@ruesselsheim.de

PÄDAGOGIEN

5. 9. 2024 – 23. 2. 2025
Norderstedt;
Stadtmuseum Friedrichsgaber Weg 290
Info: Romy Rölicke,
E-Mail: Romy.Roelicke@norderstedt.de

Weitere Termine
und Buchungen der Ausstellungen
auf Anfrage:
E-Mail: redaktion@wamiki.de

VON MICHAEL FINK

PÄDAGOGIK AUFRÄUMEN:

Pädagogik lebt von Ritualen, heißt es. Erzieher, Lehrer und *innen machen alles Mögliche, weil es nun mal derzeit üblich oder sogar vorgeschrieben ist. Egal, ob es Sinn hat oder nicht. Sinnvoll ist es aber auf jeden Fall, ab und zu auszumisten. Deswegen stellt diese Rubrik pädagogische Gewohnheiten aufs Tapet und fragt ganz ergebnisoffen: Ist das pädagogische Kunst, oder kann das weg?

PARTIZIPATION IN KACKWINDELN

Ist die Windel pipivoll, ist Demokratie einfach: Eine gute Einwegwindel lässt das Kind nur leicht spüren, dass sie gefüllt ist. Perfekt, um das Kind über seine Bedürfnisse nachdenken zu lassen: Stört mich die dicke Windel mehr oder die Unterbrechung des Spiels fürs Wickeln?

Ist die Windel jedoch kakavoll, wird Demokratie schwieriger: Lässt sich das Kind wickeln, ist der unangenehme Moment schnell vorbei – abwischen, sauber, fertig. Weigert es sich, wird das Wickeln nur hinausgezögert, oft mit zusätzlichen Folgen: Kleidung wechseln, Abduschen, wunde Stellen. Außerdem belastet der Geruch die Mitmenschen, bis das Kind bereit ist. Ein Aufschieben ist keine wirkliche Option. Stattdessen müsste das Kind unangenehme Überzeugungsversuche ertragen, bis es endlich einwilligt.

Fazit:
Intime Momente wie das Wickeln eignen sich eigentlich gut, um Partizipation zu üben – aber nicht bei der Kakawindel. Denn hier gibt es keine echte Alternative. Demokratische Entscheidungen ohne Alternativen machen aber keinen Sinn. Deshalb ist eine klare, respektvolle Ansage wichtig: „Gleich wechseln wir die Windel – und du kannst entscheiden, ob auf der neuen ein Pirat oder ein Seehund ist.“

BILDERRÄTSEL

Bild: Marie Parakenings

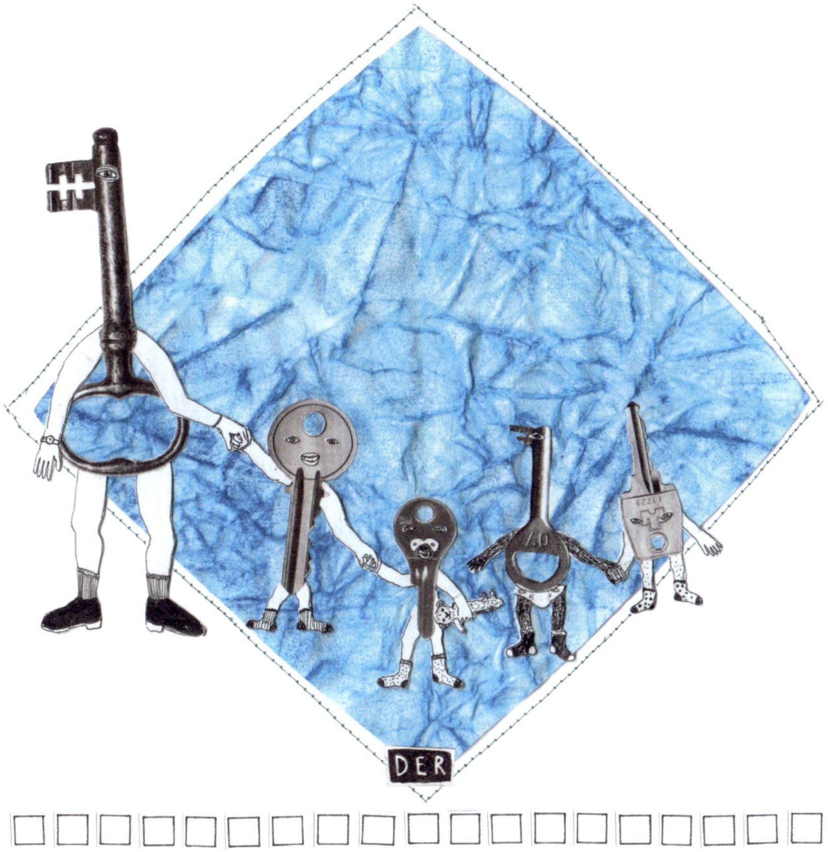

Welchen Begriff aus der Pädagogik haben wir im übertragenen Sinn collagiert? Die Buchstaben in den hellen Kästchen ergeben den Lösungsbegriff. Unter Ausschluss des Rechtsweges verlosen wir 10 x „Ärger mit Sie wissen schon" von Michael Fink und Lars Ihlenfeld.

PS: In Heft 3/2024 suchten wir den Begriff: Haltungsveraenderung. Die Redaktion gratuliert allen Gewinnerinnen und Gewinnern.

Schickt eure Lösung per Post an:
wamiki
Was mit Kindern GmbH
Heinrich-Mann-Str. 31, Haus 2
13156 Berlin
oder per E-Mail an:
info@wamiki.de
Stichwort: Bilderrätsel.
Einsendeschluss ist der
20. Januar 2025.

VORSCHAU

WAMIKI-EXTRAS

BESSER STREITEN
48 Seiten: Bilder, Erfahrungen, Methoden zum Umgang mit Konflikten und Widerstand

Wochenkalender und Mousepad
Dein Jahr auf 60 Blatt!
Der Block zur übersichtlichen Wochenplanung und als Deskpad für Deinen Schreibtisch

HEFT #1/2025

Thema: Aushalten

AB DEM 30. 1. ERHÄLTLICH

50 Strategien zum Umgang mit Stress

SPIELWIESE:
Wie lange hältst du es aus?

IMPULSE:
Was mit Steinen

DILEMMATA:
Morgen bin ich krank

RECHTHABER:
Zu rechts und zu Recht raus?

SUPERVISORIN:
Vom Umgang mit Totschlagargumenten

METHODEN:
Der goldene Gürtel in Kritikfähigkeit

UMFRAGE:
Kita-Revolution 2025!

IMPRESSUM

DIE DEUTSCHEN LIEBLINGSGERICHTE DER WAMIKIS:

Erika Berthold: Kapernklopse ʃ Michael Fink: Pfälzer Saumagen ʃ Eva Grüber: Rote Grütze ʃ Lena Grüber: Eierkuchen ʃ Frank Seiffarth: Rinderroulade ʃ Natascha Welz: Himmel und Ääd

FRAGEN, KRITIK, IDEEN
redaktion@wamiki.de

VERLAG, REDAKTION, ABO-SERVICE, ANZEIGEN
Was mit Kindern GmbH
Heinrich-Mann-Str. 31, Haus 2 ʃ
13156 Berlin

Tel.: +49 (0)30 48 09 65-36 ʃ
Fax: +49 (0)30 48 09 65-35
Mobil: +49 (0)177 414 15 17
E-Mail: redaktion@wamiki.de
E-Mail: info@wamiki.de

Internet: www.wasmitkindern.de
X: @wasmitkindern
Facebook: www.facebook.com/wasmitkindern

ANZEIGEN UND VERTRIEB
Eva und Lena Grüber
E-Mail: anzeigen@wamiki.de
Telefon: +49 (0)177 414 15 17

GESCHÄFTSFÜHRUNG
Lena Grüber, Eva Grüber ʃ HRB 161374 B

GESTALTUNG
Erik Neumann — studio luxabor

KONZEPT
anschlaege.de

DRUCK
Umweltdruck Berlin GmbH

BILDNACHWEISE
Cover: suze / Photocase,
S. 64 Eliza / Photocase

ERSCHEINUNGSWEISE
8 x jährlich: 6 Hefte + 2 Extras
Einzelheft: 8 Euro, zzgl. Versand

ISSN-NUMMER
2363-7714